国家汉办/孔子学院总部
Hanban/Confucius Institute Headquarters

EASY CHINESE
易捷汉语

Speak Out Ⅱ
实用会话 下

主　编：邵力敏　刘　彤
编　者：梁德惠　杨　茵　鞠海钰

北京语言大学出版社
BEIJING LANGUAGE AND CULTURE UNIVERSITY PRESS

中央广播电视大学音像出版社
MULTIMEDIA PRESS, OPEN UNIVERSITY OF CHINA

图书在版编目 (CIP) 数据

易捷汉语·实用会话：精装版. 下册 / 邵力敏，刘彤主编. —2版.
—北京：北京语言大学出版社，2011.1
ISBN 978-7-5619-2958-2

Ⅰ.①易… Ⅱ.①邵… ②刘… Ⅲ.①汉语—口语—对外汉语教学
—教材 Ⅳ.①H195.4

中国版本图书馆CIP数据核字（2010）第258316号

易捷汉语·实用会话（下册）

责任编辑：冯　倩
责任印制：陈　辉

出版发行：北京语言大学出版社
社　　址：北京市海淀区学院路15号　　邮政编码：100083
网　　址：www.blcup.com
电　　话：发行部　82303650 / 3591 / 3648
编辑部　82301016
读者服务部　82303653 / 3908
网上订购电话　82303668
客户服务信箱　service@blcup.net
印　　刷：北京中科印刷有限公司
经　　销：全国新华书店

版　　次：2011年3月第2版　　2011年3月第1次印刷
开　　本：850毫米×1168毫米　1/32　印张：5
字　　数：162千字　　印数：1-1000册
书　　号：ISBN 978-7-5619-2958-2/H·10344
定　　价：88.00元（含MP3和DVD）

前 言

易捷汉语系列教材是专门为非在校学习者编写的。名为“易捷”，标示着这个系列教材的特点：实用易学，快捷速成。它的目的是让更多的人都有机会接触汉语，可以不去学校、可以没有老师、可以不用整块的时间、可以不管令人头痛的语法规则和笔画复杂的汉字，在短时间里会说一些汉语、认识一些有用的汉字，并且可以用学到的东西跟中国朋友交流或者应付一点儿实际问题。

易捷汉语系列教材包括两部：《轻松入门》适用于那些对汉语和中国文化感兴趣，想了解中国文化并想学一点儿基本交际汉语的外国朋友；《实用会话》适用于那些没有很多时间学习，但在工作或生活中又很需要用一些基本的汉语来应付工作或生活的外国朋友。

易捷汉语系列教材不仅可以做学习汉语的教材，还可以用作在中国生活、学习、工作、旅行时的应急汉语指南。

易捷汉语系列教材有图书、录音MP3、情景DVD等多种媒体互相配套，还可以通过电视网络和互联网传播，它是一个多种媒体、立体化的对外汉语教材系列，为学习者提供了多种媒体和多种学习方式的选择。

主编

Preface

Easy Chinese Series is intended for learners not studying in school. In the title of this product, the word "Easy" says it all: this is an easy and practical Chinese course helping learners to get achievement fast. It is produced in order to bring more people into contact with Chinese, and to give them an opportunity to speak Chinese, write characters, learn to communicate with Chinese people and cope with some practical problems in a short period of time without going to class, having no teachers, nor grueling schedules, nor the drudgery of learning grammatical rules and writing characters with complex strokes.

Easy Chinese Series contains two parts: *Understanding Chinese* is produced for non-Chinese who are interested in Chinese and Chinese culture, and wish to communicate with Chinese people. *Speak Out* is produced for learners who have little time, but have to use basic Chinese in their daily work or life.

Easy Chinese Series can be used not only as study material, but also as an emergency reference while living, studying, working or traveling in China.

Easy Chinese Series is a multimedia set including books, MP3s and DVDs. It can also be used via television networks or the Internet. It offers learners a multimedia, multi-faceted option for learning Chinese.

Chief Compiler

编写说明

《易捷汉语——实用会话》是为学过3~6个月汉语、有语音基础、掌握一定量词汇的汉语学习者而编写、制作的。它突出语言学习的实用性，旨在使学习者熟悉中国的实际生活环境，帮助学习者提高实际生活中的汉语会话能力，更快地适应汉语地区的生活和工作。教材中的会话场景涵盖了外国人在中国可能遇到的各种情形，如吃饭、购物、旅游、访友、洗衣、问路等；同时还引进了许多当代社会生活内容，如寄EMS（特快专递）、上网、唱卡拉OK等。

《易捷汉语——实用会话》分上、下两册，共四十课，每课包括以下六个部分：

- 你知道吗？（Do You Know?）：介绍本课所涉及场景的相关背景知识，了解这些，有助于你遇到类似场合的时候知道自己该怎么做。
- 生词（Vocabulary）：给出本课的关键词语，弄懂了这些词语，进入后面的学习时，你就不会感到困难了。
- 句型（Sentence Patterns）：列出本课主要用到的句型，可以给你的学习起个提示作用。
- 情景会话（Situational Conversations）：通过这里的会话，你可以看到在某些场合下，实际生活中人们是怎么用汉语来表达的。

▶ 常用表达法（Useful Phrases and Expressions）：对本课中出现的常用表达句型给以讲解，并不是复杂的语法讲解，主要是告诉你这个表达可以怎么用，用在什么地方。

▶ 练习（Exercises）：练习的方式主要有三种。

- “读一读”的词语你可以记住，并且可以用到你已经学会的句型中进行替换；

- “试一试”是替换练习，你可以模仿着做，然后还可以从“读一读”中找到合适的词语进行扩充；

- “能力训练”会给你几个情景，你可以试试把这课学过的所有词语和句型都用上，用汉语去应付这些场合，如果你能流利自如地表达，那说明这课内容你已经都掌握了。

使用这部教材，你不必担心认汉字困难的问题。无论在书里还是在DVD里，生词、会话等学习内容和练习里的句子全都配有汉语拼音。借助拼音，即使你不认识汉字，同样可以学习并掌握口语。

书中某些标题旁边有耳机标志，表示这部分内容有录音。在录音MP3中，既有慢速的发音，为你展示清晰的汉语发音；又有正常语速的发音，为你展示中国人正常交际时的发音状况。某些标题旁边有光盘标志，表示这部分内容有录像，你可以观看DVD中的影像，看看中国人在实际生活中是怎么表达的。

实际上，你不仅可以把《易捷汉语——实用会话》当做汉语教材来学习，还可以把它当成在中国生活、学习、工作、旅行时的应急汉语指南。把书带在身上，遇到需要的场合，即使还说不出来，也可以把书上相应的内容指给别人看，从而达到你的目的。

我们希望，将要来中国或已经来到中国的你，无论是来工作、来学习还是来旅游，《易捷汉语——实用会话》都能对你有所帮助，使你在中国一切顺利。

编者

To the Learner

Speak Out is for students with 3~6 months of Chinese learning experience, who have a basic understanding of Chinese and have already grasped a certain amount of vocabulary. It is practical in Chinese language learning, acquainting students with the Chinese cultural environment, helping them improve their ability to conduct daily dialogues, and allowing them to quickly adjust to life and work in various parts of China. The scenes of the dialogues cover a number of situations that foreigners may encounter when in China, for example: dining, shopping, traveling, visiting friends, washing clothes, asking for directions, etc. At the same time they touch on many facets of modern life in China, such as mailing express packages, using the Internet, singing Karaoke, etc.

Speak Out is divided into two volumes with 40 lessons altogether. Each lesson consists of:

- Do You Know? This part introduces the background information necessary for understanding each lesson, and for helping you learn what to do in similar situations.

- Vocabulary This part lists the key words of each lesson. Understanding these words will allow you to progress easily through the remaining lessons.

- Sentence Patterns This part lists the important sentence structures introduced in the lesson.

- **Situational Conversations** By studying these example dialogues, you can see how phrases and expressions are used in real life.

- **Useful Phrases and Expressions** Providing a basic explanation of the useful phrases and expressions in each lesson, this part tells you how to use them without getting into lengthy or complicated discussions on grammar.

- **Exercises** Exercises are arranged into three main types:

  - "Read the following words and phrases" , which helps youmemorize the words and phrases and use them with the sentence patterns you have learned.

  - "Substitution drills" , which is to help you familiarize with theusage of words and phrases from 'Read the following words and phrases' by doing substitution exercise.

  - "Practice your Chinese", which allows you to practice the vocabulary and grammar learned in that lesson based on the given situations. If you can fluently use Chinese to communicate in these situations, it means you have mastered that lesson.

While using these materials, you don't need to worry about the difficulty in Chinese characters. In the book as well as in the DVD, all vocabulary, exercises and dialogues are written in both characters and *pinyin*, allowing you to study characters while practicing your speaking ability.

The headphone sign 🎧 in the book indicates that there are corresponding recordings in the MP3, where the phrases, sentences and dialogues are read in both a slow speed and a standard speed. The slow-speed reading allows you to clearly hear what is being said and to focus on the proper pronunciation of each word. The standard-speed reading mimics real-life conversations, thus making it a practical real-life learning experience. In addition, the CD sign indicates that there are corresponding kinescopes for the dialogues. Learners can watch the video clips in the DVD that depict real-life situations presented in the textbook.

Actually, you needn't only use *Speak Out* as a study aid; it can also be used as an emergency reference while living, studying, working and traveling in China. Take the book with you, and whenever you find yourself unable to speak the words you need, simply show others the appropriate part of the book to reach your goals.

We hope that *Speak Out* will be of use to you regardless of whether you will or have already come to work, study or travel in China, and always smooth your way during your stay in China.

Compilers

目 录

词类缩写表
Abbreviations for Parts of Speech

Abbreviation	Grammar Terms in English	Grammar Terms in Chinese
adj.	Adjective	形容词
adv.	Adverb	副词
ap.	Adjective Phrase	形容词短语
IE.	Idiomatic Expression	习惯用语
int.	Interjection	叹词
m.	Measure Word	量词
mdpt.	Modal Particle	语气助词
n.	Noun	名词
np.	Noun Phrase	名词短语
num.	Numerals	数词
opv.	Optative Verb	能愿动词
part.	Particle	助词
pn.	Proper Noun	专有名词
pre.	Prefix	词头
prep.	Preposition	介词
pron.	Pronoun	代词
qp.	Question Pronoun	疑问代词
v.	Verb	动词
vp.	Verb Phrase	动词短语

21 Lesson 21

买东西

Mǎi Dōngxi

Shopping

你知道吗？
Do you know?

Pay attention to the size and number when you are purchasing clothes, shoes or socks, because they may be measured in a different way from that in your own country. It is suggested that you try them on before paying so as to save the trouble of refunding or replacing in case of ill fitting. Prices of the same goods may vary a lot between tourist shops, shopping malls and wholesale markets, so it's better for you to shop around and get what you want at a most reasonable price.

生词 Vocabulary

❶ 件	jiàn	*m.*	*measure word for clothes*
❷ 上衣	shàngyī	*n.*	upper outer garment; jacket
❸ 号码	hàomǎ	*n.*	size
❹ 稍	shāo	*adv.*	a little; a bit
❺ 试试	shìshi	*v.*	have a try
❻ 拿	ná	*v.*	take; hold

句型 Sentence Patterns

❶ ……多少钱？
……duōshao qián?

❷ 我可以……吗？
Wǒ kěyǐ……ma?

❶ 请把……拿给我看一下，好吗？
Qǐng bǎ…… ná gěi wǒ kàn yíxià, hǎo ma?

情景会话 Situational Conversations

I

[Here is a man wanting to buy a coat.]

男 士：小姐，这件上衣多少钱？
Xiǎojiě, zhè jiàn shàngyī duōshao qián?
Miss, how much does this coat cost?

售货员：800元一件。

Bābǎi yuán yí jiàn.

Eight hundred *yuan*.

男　士：有没有我的号码？我的号码是38B。

Yǒu méiyǒu wǒ de hàomǎ? Wǒ de hàomǎ shì sānshíbā B.

Do you have my size? My size is 38B.

售货员：有，请稍等。

Yǒu, qǐng shāo děng.

Yes, we do. Please wait a moment.

男　士：我可以试试吗？

Wǒ kěyǐ shìshi ma?

May I try it on?

售货员：没有问题。

Méiyǒu wèntí.

No problem.

II

[Here is a customer who wants to have a look at a fruit knife.]

售货员：您好，您要点儿什么？

Nín hǎo, nín yào diǎnr shénme?

Hello, Sir. What would you like?

男　士：请把那个水果刀拿给我看一下，好吗？

Qǐng bǎ nàge shuǐguǒdāo ná gěi wǒ kàn yíxià, hǎo ma?

Could you get that fruit knife for me to have a look, please?

售货员：请稍等。

Qǐng shāo děng.

Please wait a moment.

男　士：我要一把。多少钱？

Wǒ yào yì bǎ. Duōshao qián?

I would like to buy one. How much is it?

售货员：五块五。

Wǔ kuài wǔ.

Five *yuan* and fifty *fen*.

常用表达法 Useful Phrases and Expressions

1. 这件衣服多少钱？

Zhè jiàn yīfu duōshao qián?

How much does this coat cost?

Chinese people have a simple way to ask the price of products when shopping. If you want to know how much something costs, you can say: "……duōshao qián?" Here are more examples:

❶ 这件衬衫多少钱？

Zhè jiàn chènshān duōshao qián?

How much does this shirt cost?

❷ 这把水果刀多少钱？

Zhè bǎ shuǐguǒdāo duōshao qián?

How much does this fruit knife cost?

2. 我可以试试吗？

Wǒ kěyǐ shìshi ma?

May I try it on?

"Wǒ kěyǐ……ma?" is often used to ask for permission. When you are shopping for shoes or clothes and you want to try them on, you can say: "Wǒ kěyǐ shìshi ma?" Here are more examples:

❶ 我可以看看这件衣服吗？

Wǒ kěyǐ kànkan zhè jiàn yīfu ma?

May I have a look at this coat?

❷ 我可以抽烟吗？

Wǒ kěyǐ chōu yān ma?

May I smoke?

3. 请把那个水果刀拿给我看一下，好吗？

Qǐng bǎ nàge shuǐguǒdāo ná gěi wǒ kàn yíxià, hǎo ma?

Could you get that fruit knife for me to have a look, please?

When you want to have a good look at something that is placed on the shelf, you can ask the salesperson to get it for you by saying: "Qǐng…… hǎo ma?" This is a polite way to express your request. Here are more examples:

❶ 请帮我一下，好吗？

Qǐng bāng wǒ yíxià, hǎo ma?

Could you do me a favor, please?

❷ 请把糖拿给我，好吗？

Qǐng bǎ táng ná gěi wǒ, hǎo ma?

Can you get the sugar for me, please?

练习 Exercises

一、读一读 Read the following words and phrases.

一件上衣	yí jiàn shàngyī	a jacket
一条裤子	yì tiáo kùzi	a pair of pants
一条裙子	yì tiáo qúnzi	a skirt

一双袜子	yì shuāng wàzi	a pair of socks
一双皮鞋	yì shuāng píxié	a pair of leather shoes
一把水果刀	yì bǎ shuǐguǒdāo	a piece of fruit knife
一支钢笔	yì zhī gāngbǐ	a pen
一张地图	yì zhāng dìtú	a map
一瓶啤酒	yì píng píjiǔ	a bottle of beer
试试	shìshi	have a try
看看	kànkan	take a look
听听	tīngting	have a listen
尝尝	chángchang	have a taste
读(一)读	dú (yì) dú	have a read
写(一)写	xiě (yì) xiě	take a note
用(一)用	yòng (yí) yòng	have a use

二、试一试 Substitution drills.

1. ——这件上衣多少钱？
   Zhè jiàn shàngyī duōshao qián?

   ——1800块。
   Yìqiān bābǎi kuài.

这瓶 Zhè píng	啤酒 píjiǔ	10块 Shíkuài
这张 Zhè zhāng	地图 dìtú	4块5毛 Sì kuài wǔ máo
这条 Zhè tiáo	裤子 kùzi	350块 Sānbǎi wǔshí kuài
这双 Zhè shuāng	袜子 wàzi	5块 Wǔ kuài

2. 我可以试试吗？
Wǒ kěyǐ shìshi ma?

看看
kànkan

听听
tīngting

尝尝
chángchang

用用
yòngyong

3. 请把那把水果刀拿给我看一下，好吗？
Qǐng bǎ nà bǎ shuǐguǒdāo ná gěi wǒ kàn yíxià, hǎo ma?

那本书
nà běn shū

那支笔
nà zhī bǐ

那双皮鞋
nà shuāng píxié

那张地图
nà zhāng dìtú

三、能力训练 Practice your Chinese.

1. 你去服装店买衣服，让服务员把你看中的衣服拿给你看看，并询问价格。
Nǐ qù fúzhuāngdiàn mǎi yīfu, ràng fúwùyuán bǎ nǐ kànzhòng de yīfu ná gěi nǐ kànkan, bìng xúnwèn jiàgé.

Ask the salesperson to show you the clothes you want in a toggery, and enquire the price.

2. 你想试试某件衣服/某双鞋，让服务员找出适合你号码的货品。

Nǐ xiǎng shìshi mǒu jiàn yīfu/mǒu shuāng xié, ràng fúwùyuán zhǎochū shìhé nǐ hàomǎ de huòpǐn.

You want to try on a piece of clothing or a pair of shoes. Ask the salesperson to find the goods that fit you.

22 Lesson 22

买菜

Mǎi Cài

Grocery Shopping

你知道吗？
Do you know?

With various kinds of fresh and cheap vegetables and fruits, open markets are the favorite place for Chinese people to buy food and vegetables. Some big or medium-sized supermarkets also sell vegetables, which are cleaner than, but not as fresh as those in open markets. Vegetables and other food are sold by *jin* (half kilo, or 500g) in open markets and by kilogram in supermarkets.

生词 Vocabulary

❶ 蘑菇	mógu	*n.*	mushroom
❷ 公斤	gōngjīn	*m.*	kilogram; kilo
❸ 斤	jīn	*m.*	*jin,* a traditional unit of weight, equaling 0.5 kilogram
❹ 西红柿	xīhóngshì	*n.*	tomato
❺ 挑	tiāo	*v.*	choose; select; pick out

句型 Sentence Patterns

❶ ……多少钱一公斤？
……duōshao qián yì gōngjīn?

❷ ……怎么卖？
……zěnme mài?

❸ ……多少钱？
……duōshao qián?

情景会话 Situational Conversations

[Here is a man who wants to buy vegetables.]

男 士：请问，蘑菇多少钱一公斤？
Qǐngwèn, mógu duōshao qián yì gōngjīn?
Excuse me. How much does one kilogram of mushrooms cost?

卖菜人：两块五一斤，五块钱一公斤。你要多少？

Liǎng kuài wǔ yì jīn, wǔ kuài qián yì gōngjīn. Nǐ yào duōshao?

Two and a half *yuan* for a *jin*, five *yuan* for one kilogram. How much do you want?

男　士：我要一斤。西红柿怎么卖？

Wǒ yào yì jīn. Xīhóngshì zěnme mài?

I will take one *jin*. How much are the tomatoes?

卖菜人：三块。

Sān kuài.

Three *yuan*.

男　士：三块钱一公斤吗？

Sān kuài qián yì gōngjīn ma?

Is it three *yuan* for one kilogram?

卖菜人：三块钱一斤。您要多少？

Sān kuài qián yì jīn. Nín yào duōshao?

It is three *yuan* for a *jin*. How much do you want?

男　士：我能挑吗？

Wǒ néng tiāo ma?

May I pick them?

卖菜人：可以。

Kěyǐ.

Yes, you may.

男　士：一共多少钱？

Yígòng duōshao qián?

How much is it altogether?

卖菜人：九块。

Jiǔ kuài.

Nine *yuan*.

常用表达法
Useful Phrases and Expressions

1. 蘑菇多少钱一公斤？
Mógu duōshao qián yì gōngjīn?
How much does one kilogram of mushrooms cost?

When buying vegetables in the market, we usually want to know the price first. So, we will ask a question like: "……duōshao qián yì gōngjīn/jīn?" Here are more examples:

❶ 苹果多少钱一公斤？
Píngguǒ duōshao qián yì gōngjīn?
How much does one kilogram of apples cost?

❷ 土豆多少钱一斤？
Tǔdòu duōshao qián yì jīn?
How much does it cost for a *jin* of potatoes?

2. 西红柿怎么卖？
Xīhóngshì zěnme mài?
How much are the tomatoes?

We also can ask the price like: "……zěnme mài?"

❶ 蘑菇怎么卖？
Mógu zěnme mài?
How much are the mushrooms?

❷ 橘子怎么卖？
Júzi zěnme mài?
How much are the oranges?

3. 一共多少钱？

Yígòng duōshao qián?

How much is it altogether?

We normally tell the seller what kind of vegetables we want and how much we need. Before making a payment, we should ask for the total price by saying: "Yígòng duōshao qián?" We can also use the following:

❶ 总共多少钱？

Zǒnggòng duōshao qián?

How much is it altogether?

❷ 加在一起多少钱？

Jiā zài yìqǐ duōshao qián?

How much is it for all of these?

练习
Exercises

一、读一读 Read the following words and phrases.

蘑菇	mógu	mushroom
西红柿	xīhóngshì	tomato
土豆	tǔdòu	potato
菠菜	bōcài	spinach
黄瓜	huángguā	cucumber
南瓜	nánguā	pumpkin; cushaw
冬瓜	dōngguā	wax gourd; white gourd
芹菜	qíncài	celery
洋葱	yángcōng	onion
萝卜	luóbo	radish
卷心菜	juǎnxīncài	cabbage

茄子	qiézi	eggplant
豆角	dòujiǎo	fresh kidney beans
白菜	báicài	cabbage
豆腐	dòufu	bean curd
苹果	píngguǒ	apple
橘子	júzi	orange
香蕉	xiāngjiāo	banana
芒果	mángguǒ	mango
梨	lí	pear
草莓	cǎoméi	strawberry
菠萝	bōluó	pineapple
西瓜	xīguā	watermelon
葡萄	pútao	grape

二、试一试 Substitution drills.

1. 我买一公斤<u>土豆</u>。
   Wǒ mǎi yì gōngjīn <u>tǔdòu</u>.

   洋葱
   yángcōng

   萝卜
   luóbo

   黄瓜
   huángguā

   鸡蛋
   jīdàn

2. <u>橘子</u>怎么卖？
   <u>Júzi</u> zěnme mài?

   芒果
   Mángguǒ

西瓜
Xīguā

草莓
Cǎoméi

这种梨
Zhè zhǒng lí

3. 一共多少钱？
Yígòng duōshao qián?

总共
Zǒnggòng

加在一起
Jiā zài yìqǐ

两斤蘑菇和一斤西红柿
Liǎng jīn mógu hé yì jīn xīhóngshì

这些鸡蛋
Zhèxiē jīdàn

三、能力训练 Practice your Chinese.

1. 说说你知道的蔬菜和水果的汉语名称。
Shuōshuo nǐ zhīdào de shūcài hé shuǐguǒ de Hànyǔ míngchēng.
Say the Chinese names of the vegetables and fruits you know.

2. 去附近的农贸市场和超市了解一下蔬菜水果的价格，比较一下有什么不同。
Qù fùjìn de nóngmào shìchǎng hé chāoshì liǎojiě yíxià shūcài shuǐguǒ de jiàgé, bǐjiào yíxià yǒu shénme bù tóng.
Find out the prices of vegetables and fruits in a farmers' market and a supermarket nearby. And then compare the differences between them.

Lesson 23

讨价还价

Tǎo Jià Huán Jià

Bargaining

你知道吗?

Do you know?

Bargaining is a useful skill when shopping in China. Except for shopping malls and supermarkets where prices are marked clearly and cannot be altered at random, all shopping places, including private shops, free markets, flea markets and antique markets, allow bargaining. Some experienced shoppers may get a commodity at 75% or even half of the asked price.

生词 Vocabulary

❶ 夹克	jiākè	*n.*	jacket
❷ 贵	guì	*adj.*	expensive; costly; valuable
❸ 便宜	piányi	*adj.*	cheap; inexpensive
❹ 最少	zuì shǎo		least; at least; minimum
❺ 条	tiáo	*m.*	item; article; a long narrow piece
❻ 这样	zhèyàng	*pron.*	such; like this
❼ 领带	lǐngdài	*n.*	necktie; tie
❽ 打折	dǎ zhé	*v.*	sell at a discount; on sale
❾ 给	gěi	*v.*	give; let; allow

句型 Sentence Patterns

❶ 能不能……一点儿？
Néng bu néng……yìdiǎnr?

❷ 最少……？
Zuì shǎo……?

❸ 可以打……折吗？
Kěyǐ dǎ……zhé ma?

情景会话 Situational Conversations

I

[Here is a man asking the price of a jacket at a sales booth.]

男　士：请问，这件夹克多少钱？

Qǐngwèn, zhè jiàn jiākè duōshao qián?

Excuse me, how much is this jacket?

售货员：200块。

Èrbǎi kuài.

Two hundred *yuan*.

男　士：太贵了！能不能便宜一点儿？

Tài guì le! Néng bu néng piányi yìdiǎnr?

Too expensive! Can you give me a cheaper price?

售货员：180块，怎么样？

Yìbǎi bāshí kuài, zěnmeyàng?

One hundred and eighty *yuan*. Would that be all right?

男　士：能不能再便宜一点儿？

Néng bu néng zài piányi yìdiǎnr?

Can you make it lower than that?

售货员：最少150块。

Zuì shǎo yìbǎi wǔshí kuài.

The bottom price is one hundred and fifty *yuan*.

男　士：好，我要一件。

Hǎo, wǒ yào yí jiàn.

All right. I will take one.

II

[Here is a customer who wants to have a look at neckties.]

售货员：你好！

Nǐ hǎo!

Hello!

男　士：我想买一条这样的领带。

Wǒ xiǎng mǎi yì tiáo zhèyàng de lǐngdài.

I would like to buy this kind of necktie.

售货员：320块。

Sānbǎi èrshí kuài.

Three hundred and twenty *yuan*.

男　士：可以打折吗？

Kěyǐ dǎ zhé ma?

Can I get a discount?

售货员：我可以给你打9折。

Wǒ kěyǐ gěi nǐ dǎ jiǔ zhé.

I can give you a 10% discount.

男　士：8折可以吗？

Bā zhé kěyǐ ma?

Is a 20% discount OK?

售货员：对不起，不可以。

Duìbuqǐ, bù kěyǐ.

Sorry, I can't do that.

男　士：好，我要一条。

Hǎo, wǒ yào yì tiáo.

All right, I will take one.

常用表达法
Useful Phrases and Expressions

1. 能不能便宜一点儿？
Néng bu néng piányi yìdiǎnr?
Can you give me a cheaper price?

Normally, bargaining is not allowed in stores in shopping malls or shopping centers. However, if you buy clothes, daily necessities, vegetable or fruit, most Chinese like to bargain. When a salesperson tells you the price and you think it is expensive, you can say: "Néng bu néng piányi yìdiǎnr?" Here are more examples of making an inquiry:

❶ 能不能开快一点？
Néng bu néng kāi kuài yìdiǎnr?
Can you drive a bit faster?

❷ 能不能举高一点？
Néng bu néng jǔ gāo yìdiǎnr?
Can you lift it up a bit higher?

2. 最少多少钱？
Zuì shǎo duōshao qián?
What's your lowest price?

Although you have tried to bargain several times, you are still not satisfied with the price. You may finally ask: "Zuì shǎo duōshao qián?" You can use: "Zuì shǎo……?" to ask for the definite answer on something. Here are more examples:

❶ 最少几个人？
Zuì shǎo jǐ ge rén?
How many people at least?

❷ 最少几张纸？

Zuì shǎo jǐ zhāng zhǐ?

How many pieces of paper at least?

3. 可以打折吗？

Kěyǐ dǎ zhé ma?

Can I get a discount?

Though we cannot bargain in a shopping mall as we do in a free market, we can ask the shop assistant if there is a special price or discount. In this case, you may ask a question: "Kěyǐ dǎ zhé ma?" Occasionally, we can get a good discount. The samples are:

❶ 可以打九折吗？

Kěyǐ dǎ jiǔ zhé ma?

Can I get a 10% discount?

❷ 可以给我优惠点儿吗？

Kěyǐ gěi wǒ yōuhuì diǎnr ma?

May I get a preferential price?

练习 Exercises

一、读一读 Read the following words and phrases.

这件夹克	zhè jiàn jiākè	this jacket
这条裤子	zhè tiáo kùzi	this pair of pants
这件衬衫	zhè jiàn chènshān	this shirt
这双鞋	zhè shuāng xié	this pair of shoes
这条项链	zhè tiáo xiàngliàn	this necklace
这把扇子	zhè bǎ shànzi	this fan
这个茶杯	zhège chábēi	this tea cup

一条领带	yì tiáo lǐngdài	a necktie
一块手表	yí kuài shǒubiǎo	a watch
一件睡衣	yí jiàn shuìyī	a pair of pajamas
一瓶香水	yì píng xiāngshuǐ	a bottle of perfume
太贵/便宜了	tài guì/piányi le	too expensive/cheap
太大/小了	tài dà/xiǎo le	too big / small
太多/少了	tài duō/shǎo le	too many (much) / few (little)
太长/短了	tài cháng/duǎn le	too long / short
太薄/厚了	tài báo/hòu le	too thin / thick
太肥/瘦了	tài féi/shòu le	too loose / tight
打折	dǎ zhé	sell at a discount; be on sale
打几折	dǎ jǐ zhé	how much discount
打九折	dǎ jiǔ zhé	10% discount
优惠价	yōuhuìjià	preferential price

二、试一试 Substitution drills.

1. ——最少<u>多少钱</u>？
   Zuì shǎo <u>duōshao qián</u>?

   ——最少<u>180块</u>。
   Zuì shǎo <u>yìbǎi bāshí kuài</u>.

多少人 duōshao rén	五个人 wǔ ge rén
几辆车 jǐ liàng chē	两辆车 liǎng liàng chē
多少米 duōshao mǐ	100米 yìbǎi mǐ
几个月 jǐ ge yuè	半年 bàn nián

2. 可以<u>打折</u>吗？

Kěyǐ <u>dǎ zhé</u> ma?

打八折
dǎ bā zhé

试一下
shì yíxià

换一件
huàn yí jiàn

优惠
yōuhuì

三、能力训练 Practice your Chinese.

1. 在市场买衣服时，你让老板便宜一点儿。

Zài shìchǎng mǎi yīfu shí, nǐ ràng láobǎn piányi yìdiǎnr.

Ask the salesperson to give you a lower price when you buy clothes in the market.

2. 问一下商场哪些柜台的商品可以打折，并提出你的要求。

Wèn yíxià shāngchǎng nǎxiē guìtái de shāngpǐn kěyǐ dǎ zhé, bìng tíchū nǐ de yāoqiú.

Ask the saleperson the articles in which counters can be sold at a discount, and put forward your demand.

退货与投诉

Tuì Huò Yǔ Tóusù

Returns and Complaints

你知道吗?
Do you know?

In China, it is not difficult to return or replace goods bought in large shopping malls within a certain period of time, as long as you keep the receipt. However, it is not that easy in open markets, small wholesale markets and private shops. So think twice before you buy in order to spare yourself the trouble caused by returning or replacing. In addition, hotline 12315 is ready for any consumer to make a complaint. Whenever you meet a problem when shopping, call this number. If the problem is a minor one, concerning service for instance, you can directly complain to the department head of the store.

生词 Vocabulary

❶	退	tuì	*v.*	return; give back; withdraw from
❷	裙子	qúnzi	*n.*	skirt
❸	太太	tàitai	*n.*	madam; lady; Mrs. ; wife
❹	穿	chuān	*v.*	wear; put on; be dressed in
❺	合适	héshì	*adj.*	suitable; appropriate
❻	客房部	kèfángbù	*np.*	guest room department
❼	态度	tàidù	*n.*	attitude
❽	差	chà	*adj.*	not up to the standard; poor
❾	调查	diàochá	*v.*	investigate; survey

句型 Sentence Patterns

❶ 我想退了……
Wǒ xiǎng tuìle……

❷ 你们的……在吗？我找他，可以吗？
Nǐmen de ……zài ma? Wǒ zhǎo tā, kěyǐ ma?

❸ 你们的……太……了。
Nǐmen de……tài……le.

情景会话
Situational Conversations

I

[Here is a customer who wants to return a skirt for his wife.]

男　士：你好，我想退了这条裙子。

Nǐ hǎo, wǒ xiǎng tuìle zhè tiáo qúnzi.

Hello. I want to return this skirt.

售货员：请您把发票给我。

Qǐng nín bǎ fāpiào gěi wǒ.

Please let me have the receipt.

男　士：在这儿。

Zài zhèr.

Here it is.

售货员：我们为您换一条裙子可以吗？

Wǒmen wèi nín huàn yì tiáo qúnzi kěyǐ ma?

Would you like to exchange it for another one?

男　士：不，我想退了它。我的太太穿着不合适。

Bù, wǒ xiǎng tuìle tā. Wǒ de tàitai chuānzhe bù héshì.

No, I want to return it. It just does not suit my wife.

售货员：(沉默)……

(Chénmò)……

(Silence)…

男　士：你们的经理在吗？我找他，可以吗？

Nǐmen de jīnglǐ zài ma? Wǒ zhǎo tā, kěyǐ ma?

Is your manager in? May I see him?

售货员：好的，请稍等。

Hǎo de, qǐng shāo děng.

Yes. Wait a moment, please.

II

[Here is a customer calling for complaint.]

客　人：喂，您是客房部经理吗？

Wèi, nín shì kèfángbù jīnglǐ ma?

Hello. Are you the manager of the Guest Room Department?

经　理：是，请问您有什么问题吗？

Shì, qǐngwèn nín yǒu shénme wèntí ma?

Yes. Can I help you?

客　人：我是1603号房间的客人，你们405号服务员的服务态度太差了。

Wǒ shì yāo liù líng sān hào fángjiān de kèrén, nǐmen sì líng wǔ hào fúwùyuán de fúwù tàidù tài chà le.

I am a guest in Room 1603. The attitude of attendant No. 405 is very bad.

经　理：对不起，我马上去调查一下。

Duìbuqǐ, wǒ mǎshàng qù diàochá yíxià.

I am so sorry. I will check this out immediately.

常用表达法

Useful Phrases and Expressions

1. 我想退了这条裙子。

Wǒ xiǎng tuìle zhè tiáo qúnzi.

I want to return this skirt.

You have just purchased a commodity. However, you want to return it for some reason. You can say: "Wǒ xiǎng tuìle……" to the salesperson. Here are more examples:

❶ 我想退了这双鞋。

Wǒ xiǎng tuìle zhè shuāng xié.

I want to return this pair of shoes.

❷ 我想退了这件风衣。

Wǒ xiǎng tuìle zhè jiàn fēngyī.

I want to return this windcheater.

2. 你们的经理在吗？我找他，可以吗？

Nǐmen de jīnglǐ zài ma? Wǒ zhǎo tā, kěyǐ ma?

Is your manager in? May I see him?

If you feel that your decision to return the commodity may embarrass the salesperson, or the salesperson does not agree to take back the sold item, you can ask to see his/her supervisor or manager. If the person you want to see is not present, you can ask: "Nǐmen de……zài ma? wǒ zhǎo tā, kěyǐ ma?" Here are more examples:

❶ 你们的老师在吗？我找他，可以吗？

Nǐmen de lǎoshī zài ma? Wǒ zhǎo tā, kěyǐ ma?

Is your teacher in? May I see him?

❷ 你们的老板在吗？我找他，可以吗？

Nǐmen de lǎobǎn zài ma? Wǒ zhǎo tā, kěyǐ ma?

Is your boss in? May I see him?

3. 你们405号服务员的服务态度太差了。

Nǐmen sì líng wǔ hào fúwùyuán de fúwù tàidù tài chà le.

The attitude of attendant No. 405 is very bad.

"Tài……le" is often used to express strong feeling on something. If you are really dissatisfied with a commodity that you have used or purchased, or you are not very pleased with the attitude of a person, you can make your complaint like: "Nǐmen……tài……le." Here are more examples:

❶ 你们饭馆的盘子和杯子太脏了。

Nǐmen fànguǎn de pánzi hé bēizi tài zāng le.

The plates and the glasses in your restaurant are too dirty.

❷ 你们商场的东西质量太差了。

Nǐmen shāngchǎng de dōngxi zhìliàng tài chà le.

The quality of the merchandise in your shopping mall is too poor.

练习 Exercises

一、读一读 Read the following words and phrases.

裙子	qúnzi	skirt; dress
风衣	fēngyī	windcheater; dust coat
上衣	shàngyī	upper garment; jacket
书	shū	book
香水	xiāngshuǐ	perfume
钱包	qiánbāo	purse; wallet
玩具	wánjù	toy
经理	jīnglǐ	manager
老板	lǎobǎn	boss
老师	lǎoshī	teacher
厂长	chǎngzhǎng	factory director
主管	zhǔguǎn	person in charge of sth.; person responsible for sth.

家长	jiāzhǎng	the parent or guardian of a child
厨师	chúshī	cook; chef
贵	guì	expensive
脏	zāng	dirty
差	chà	bad

二、试一试 Substitution drills.

1. 我想退了这条裙子。
   Wǒ xiǎng tuìle zhè tiáo qúnzi.

   这件风衣
   zhè jiàn fēngyī

   这件上衣
   zhè jiàn shàngyī

   这本书
   zhè běn shū

   这瓶香水
   zhè píng xiāngshuǐ

2. 你们的经理在吗？我找他（们），可以吗？
   Nǐmen de jīnglǐ zài ma? Wǒ zhǎo tā (men), kěyǐ ma?

   老板
   lǎobǎn

   厂长
   chǎngzhǎng

   主管
   zhǔguǎn

   爸爸妈妈
   bàba māma

3. 你们405号服务员的态度太差了。
Nǐmen sì líng wǔ hào fúwùyuán de tàidu tài chà le.

饭店的菜 fàndiàn de cài	好吃 hǎochī
公司的经理 gōngsī de jīnglǐ	好 hǎo
商店的东西 shāngdiàn de dōngxi	贵 guì
这个房间 zhège fángjiān	脏 zāng

三、能力训练 Practice your Chinese.

1. 你想退一件上衣，但服务员不同意为你退，你要求找经理谈谈。
Nǐ xiǎng tuì yí jiàn shàngyī, dàn fúwùyuán bù tóngyì wèi nǐ tuì, nǐ yāoqiú zhǎo jīnglǐ tántan.

You want to return a jacket, but the salesperson says you cannot. So you want to have a word with the manager.

2. 你在饭店吃饭时觉得服务员态度不好，想要投诉应该怎么说？
Nǐ zài fàndiàn chī fàn shí juéde fúwùyuán tàidu bù hǎo, xiǎng yào tóusù yīnggāi zěnme shuō?

When you are having dinner at a restaurant, you feel that the attitude of the waiter/waitress is not good. What would you say if you want to complain?

Lesson 25

买票

Mǎi Piào

Buying Tickets

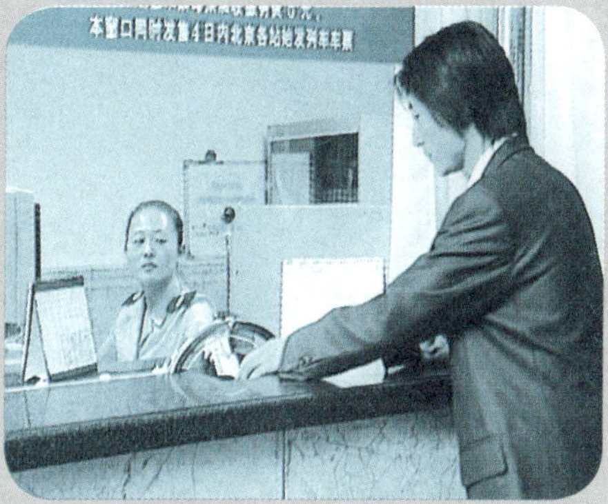

你知道吗?
Do you know?

You need to buy a ticket before you go to see a movie in a cinema, visit a museum, take a tour in a tourist attraction, or take a bus. In China, airlines and railways supply students with relatively cheaper tickets; cinemas and museums provide annual tickets or through tickets at a cheaper price. Railway tickets can be bought at the railway station or from agents. Agents charge a handling fee, while railway stations don't. But in a railway station, you have to queue yourself, which is really tough during tourist seasons or festivals. The coaches of a train are divided into four types: hard seat, soft seat, hard sleeper and soft sleeper. It's comfortable and quiet to sleep in a soft sleeper, but the price is sometimes as high as an air ticket.

生词 Vocabulary

1	电影	diànyǐng	*n.*	film; movie; motion picture
2	开演	kāiyǎn	*v.*	begin (of a play, movie)
3	硬卧	yìngwò	*n.*	hard sleeper (on the train)
4	硬座	yìngzuò	*n.*	hard seat
5	软卧	ruǎnwò	*n.*	soft sleeper (on the train)

句型 Sentence Patterns

1. 我买一张……票。
   Wǒ mǎi yì zhāng……piào.

2. 我买一张……去……的……票。
   Wǒ mǎi yì zhāng……qù……de……piào.

情景会话 Situational Conversations

I

[Here is a woman buying a movie ticket.]

女　士：小姐，我买一张电影票。
Xiǎojiě, wǒ mǎi yì zhāng diànyǐngpiào.
Miss, I want to buy a movie ticket.

营业员：15块。

Shíwǔ kuài.

Fifteen *yuan*.

女　士：下一场电影几点开演？

Xià yì chǎng diànyǐng jǐ diǎn kāiyǎn?

When is the next show?

营业员：下午4:40。

Xiàwǔ sì diǎn sìshí.

Four forty in the afternoon.

女　士：谢谢。

Xièxie.

Thank you.

II

[Here is a traveler buying a train ticket.]

男　士：我买一张12月22日去南京的硬卧火车票。

Wǒ mǎi yì zhāng shí'èr yuè èrshí'èr rì qù Nánjīng de yìngwò huǒchēpiào.

I want to buy a hard sleeper ticket to Nanjing on December 22nd.

营业员：12月22日的硬卧票已经卖完了，只有硬座和软卧。

Shí'èr yuè èrshí'èr rì de yìngwòpiào yǐjīng màiwán le, zhǐ yǒu yìngzuò hé ruǎnwò.

The hard sleeper tickets for December 22nd are already sold out. There are only hard seat tickets and soft sleeper tickets left.

男　士：23号呢？

Èrshísān hào ne?

How about the tickets for 23rd?

营业员：23号有硬卧票。

Èrshísān hào yǒu yìngwòpiào.

For 23rd there are hard sleeper tickets.

男　士：我买一张。

Wǒ mǎi yì zhāng.

I would like to buy one.

常用表达法
Useful Phrases and Expressions

1. 我买一张电影票。

Wǒ mǎi yì zhāng diànyǐngpiào.

I want to buy a movie ticket.

Buses, trains, airplanes, amusement parks, movie theaters, etc. require you to purchase a ticket. When you are buying one of these tickets, you may say: "Wǒ mǎi yì zhāng……piào." Here are more examples:

❶ 我买四张门票。

Wǒ mǎi sì zhāng ménpiào.

I want to buy four admission tickets.

❷ 我买一张飞机票。

Wǒ mǎi yì zhāng fēijīpiào.

I want to buy a plane ticket.

2. 我买一张12月22日去南京的硬卧火车票。

Wǒ mǎi yì zhāng shí'èr yuè èrshí'èr rì qù Nánjīng de yìngwò huǒchēpiào.

I want to buy a hard sleeper ticket to Nanjing on December 22nd.

When buying a ticket for a trip, you must tell the ticket salesperson the kind of ticket you want and the time you will make the trip by saying:

"Wǒ mǎi yì zhāng……qù……de……piào." Here are two more examples of buying a train ticket:

❶ 我买一张明天晚上去上海的硬卧火车票。
Wǒ mǎi yì zhāng míngtiān wǎnshang qù Shànghǎi de yìngwò huǒchēpiào.
I want to buy a hard sleeper ticket to Shanghai tomorrow evening.

❷ 我买一张这星期六去香港的软卧火车票。
Wǒ mǎi yì zhāng zhè xīngqīliù qù Xiānggǎng de ruǎnwò huǒchēpiào.
I want to buy a soft sleeper ticket to Hong Kong this Saturday.

练习 Exercises

一、读一读 Read the following words and phrases.

火车票	huǒchēpiào	train ticket
（公园）门票	(gōngyuán) ménpiào	admission ticket (to a park/garden)
汽车票	qìchēpiào	bus ticket
飞机票	fēijīpiào	plane ticket
船票	chuánpiào	ship ticket
电影票	diànyǐngpiào	movie ticket
硬卧	yìngwò	hard sleeper/berth
软卧	ruǎnwò	soft sleeper/berth
硬座	yìngzuò	hard seat
头等舱	tóuděngcāng	first-class cabin
经济舱	jīngjìcāng	economy cabin
商务舱	shāngwùcāng	business cabin

二、试一试 Substitution drills.

1. 我买一张电影票。

Wǒ mǎi yì zhāng diànyǐngpiào.

一 yì	飞机票 fēijīpiào
五 wǔ	门票 ménpiào
两 liǎng	火车票 huǒchēpiào
三 sān	船票 chuánpiào

2. 我买一张12月22日去南京的硬卧火车票。

Wǒ mǎi yì zhāng shí'èr yuè èrshí'èr rì qù Nánjīng de yìngwò huǒchēpiào.

明天晚上 míngtiān wǎnshang	上海 Shànghǎi	软卧票 ruǎnwòpiào
这星期六 zhè xīngqīliù	香港 Xiānggǎng	船票 chuánpiào
明晚 míngwǎn	海南 Hǎinán	经济舱机票 jīngjìcāng jīpiào
下个月 xià ge yuè	东京 Dōngjīng	机票 jīpiào

三、能力训练 Practice your Chinese.

1. 你要买一张下星期一下午去香港的飞机票，经济舱。

Nǐ yào mǎi yì zhāng xià xīngqīyī xiàwǔ qù Xiānggǎng de fēijīpiào, jīngjìcāng.

You want to buy a plane ticket of economy cabin to Hong Kong for next Monday afternoon.

2. 你问朋友你想看的电影什么时间开演。

Nǐ wèn péngyou nǐ xiǎng kàn de diànyǐng shénme shíjiān kāiyǎn.

Ask your friend what time the movie you want to see will begin.

26

Lesson 26

看病 I

Kàn Bìng I

Seeing a Doctor (I)

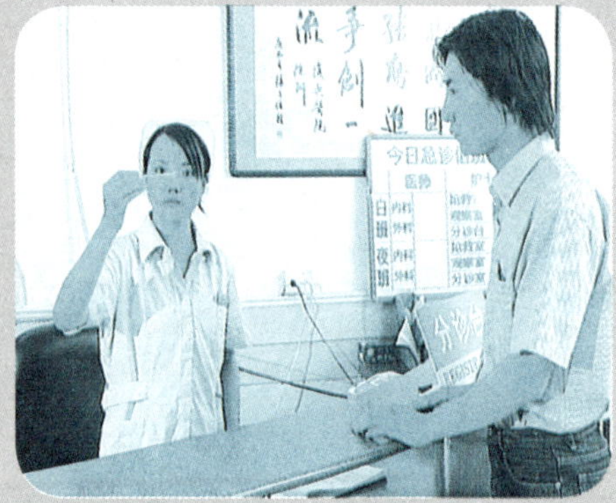

你知道吗?

Do you know?

Different from people in the Western countries, Chinese people usually go to see a doctor in hospitals rather than private clinics. A 24-hour service is provided for emergencies, while the outpatient service is provided for all the ordinary cases. Some big hospitals have a special outpatient clinic for foreigners and a VIP clinic to serve foreigners and patients with special needs. Anyone who is going to see a doctor should register first and then wait in the right department for his/her turn to see the doctor. In big cities like Beijing and Shanghai, there are also international clinics for foreigners.

生词 Vocabulary

❶ 护士	hùshi	*n.*	nurse
❷ 挂号	guà hào	*v.*	register
❸ 急诊	jízhěn	*n.*	emergency call; emergency treatment
❹ 试（表）	shì (biǎo)	*v.*	take (one's temperature)
❺ 体温表	tǐwēnbiǎo	*n.*	thermometer
❻ 然后	ránhòu	*conj.*	then; after that; afterwards
❼ 内科	nèikē	*n.*	internal medicine
❽ 诊室	zhěnshì	*n.*	consulting room

句型 Sentence Patterns

❶ 我要挂一个……号。
Wǒ yào guà yí ge……hào.

❷ 我的……完了。
Wǒ de……wán le.

❸ 请先……，然后……
Qǐng xiān……, ránhòu……

情景会话 Situational Conversations

I

[Here is a patient who wants to see a doctor.]

男士：护士小姐，我要挂一个急诊号。

Hùshi xiǎojiě, wǒ yào guà yí ge jízhěnhào.

Nurse, I want to register for an emergency treatment.

护士：你怎么了？

Nǐ zěnme le?

What's the matter with you?

男士：我发烧。

Wǒ fāshāo.

I'm having a fever.

护士：什么时候开始的？

Shénme shíhou kāishǐ de?

When did it start?

男士：今天早上开始的。

Jīntiān zǎoshang kāishǐ de.

It started this morning.

护士：请先试一下体温表。10分钟以后给我。

Qǐng xiān shì yíxià tǐwēnbiǎo. Shí fēnzhōng yǐhòu gěi wǒ.

Please check your temperature first. Let me have it (the thermometer) in ten minutes.

男士：谢谢！

Xièxie!

Thank you!

II

[After ten minutes]

男士：护士小姐，我的体温试完了。

Hùshi xiǎojiě, wǒ de tǐwēn shìwán le.

Nurse, I have taken my body temperature.

护士：请把体温表给我。请去挂号处交钱，然后去内科2诊室看大夫。

Qǐng bǎ tǐwēnbiǎo gěi wǒ. Qǐng qù guàhàochù jiāo qián, ránhòu qù nèikē èr zhěnshì kàn dàifu.

Let me have the thermometer, please. Please make a payment at the registration office first, and then go to see the doctor in consulting room No. 2 of the Internal Medicine Department.

男士：谢谢！

Xièxie!

Thank you!

常用表达法
Useful Phrases and Expressions

1. 我要挂一个急诊号。

Wǒ yào guà yí ge jízhěnhào.

I want to register for an emergency treatment.

One needs to register before receiving a treatment at a hospital in China. A medical record book is issued for each patient to keep. The outpatient department is usually open from 8:00 am to 5:00 pm from Monday to Friday. The emergency department is open 24 hours. You can tell the nurse which department you want to register for with this sentence structure: "Wǒ yào guà yí ge……hào." The following are more examples:

1. 我发烧了，我要挂一个急诊号。
   Wǒ fāshāo le, wǒ yào guà yí ge jízhěnhào.
   I'm having a fever. I want to register for an emergency treatment.
2. 我皮肤过敏了，我要挂一个皮肤科的号。
   Wǒ pífū guòmǐn le, wǒ yào guà yí ge pífūkē de hào.
   I have an allergy. I want to register for the dermatological department.
3. 我感冒了，我要挂一个内科号。
   Wǒ gǎnmào le, wǒ yào guà yí ge nèikēhào.
   I have the flu. I want to register for the internal medicine department.

2. 我的体温试完了。
Wǒ de tǐwēn shìwán le.
I have taken my body temperature.

At the hospital, you might need a physical examination on your blood, urine or stool or an X-ray test, etc. When you are finished with any of these check-ups, you can tell the doctor like: "Wǒ de……wán le."Here are more examples:

1. 我的书看完了。
   Wǒ de shū kànwán le.
   I have finished reading the book.
2. 我的饭吃完了。
   Wǒ de fàn chīwán le.
   I have finished my meal.

3. 请去挂号处交钱，然后去内科2诊室看大夫。
Qǐng qù guàhàochù jiāo qián, ránhòu qù nèikē èr zhěnshì kàn dàifu.
Please make a payment at the registration office first, and then go to see the doctor in consulting room No.2 of the Internal Medicine Department.

"Xiān qù……, ránhòu qù……" is a useful structure to express the order of actions to be performed. Here are more examples:

❶ 先去吃饭，然后去看电影。
Xiān qù chī fàn, ránhòu qù kàn diànyǐng.
Have a meal first, and then go to see a movie.

❷ 先去图书馆借书，然后去商场买东西。
Xiān qù túshūguǎn jiè shū, ránhòu qù shāngchǎng mǎi dōngxi.
Go to the library to borrow some books first, and then go shopping at the department store.

练习
Exercises

一、读一读 Read the following words and phrases.

急诊号	jízhěnhào	emergency treatment
专家号	zhuānjiāhào	specialist
内科	nèikē	internal medicine department
外科	wàikē	surgical department
皮肤科	pífūkē	dermatological department
妇科	fùkē	department of gynaecology
小儿科	xiǎo'érkē	paediatrics
牙科	yákē	department of dentisty
输液	shū yè	infusion
化验	huàyàn	chemical examination
划价	huà jià	calculate medical expenses for a patient
拿/取药	ná/qǔ yào	get/fetch the medicine

做检查	zuò jiǎnchá	have a medical check-up
做手术	zuò shǒushù	perform an operation

二、试一试 Substitution drills.

1. 我要挂一个内科号。
Wǒ yào guà yí ge nèikē hào.

外科
wàikē

皮肤科
pífūkē

急诊
jízhěn

小儿科
xiǎo'érkē

2. 我的书看完了。
Wǒ de shū kànwán le.

化验 huàyàn	做 zuò
药 yào	吃 chī
体温 tǐwēn	试 shì
手术 shǒushù	做 zuò

3. 先去挂号处交钱，然后去内科2诊室看病。
Xiān qù guàhàochù jiāo qián, ránhòu qù nèikē èr zhěnshì kàn bìng.

划价 huà jià	拿药 ná yào

化验 huàyàn	来找医生 lái zhǎo yīshēng
交钱 jiāo qián	做手术 zuò shǒushù
住院 zhù yuàn	做检查 zuò jiǎnchá

三、能力训练 Practice your Chinese.

1. 晚上，你发烧了，去医院该挂什么号？
   Wǎnshang, nǐ fāshāo le, qù yīyuàn gāi guà shénme hào?
   What department of the hospital should you register for if you have a fever at night?

2. 去中国的医院，怎么挂号、交钱、看大夫？
   Qù Zhōngguó de yīyuàn, zěnme guà hào、 jiāo qián、 kàn dàifu?
   How do you register, make payments and see a doctor in a Chinese hospital?

27 Lesson 27

看病 II

Kàn Bìng II

Seeing a Doctor (II)

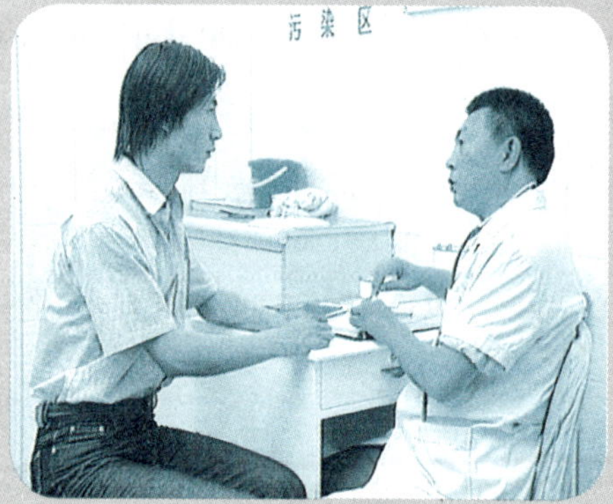

你知道吗？
Do you know?

If by any chance you are going to see a doctor, make sure you know how to describe your condition to the doctor. Bring a dictionary if necessary, as you may not be able to follow the doctor's questions and make yourself clear, which may lead to the delay of treatment.

生词 Vocabulary

1	舒服	shūfu	*adj.*	comfortable; well
2	呕吐	ǒutù	*v.*	vomit; throw up; be sick
3	拉肚子	lā dùzi	*vp.*	suffer from diarrhea; have loose bowels
4	肚子	dùzi	*n.*	belly; abdomen
5	痒	yǎng	*adj.*	itch; tickle
6	注意	zhùyì	*v.*	pay attention to; take note (or notice) of

句型 Sentence Patterns

1. 从……开始，我……
   Cóng……kāishǐ, wǒ……
2. 注意……
   Zhùyì……

情景会话 Situational Conversations

[Here is a man seeing a doctor at the Internal Medicine Department.]

医生：你怎么不舒服？

Nǐ zěnme bù shūfu?

What's wrong with you?

男士：从今天早上开始，我发烧，头疼，呕吐。

Cóng jīntiān zǎoshang kāishǐ, wǒ fā shāo, tóuténg, ǒutù.

Since this morning, I've been having a fever and headache and vomiting.

医生：拉肚子吗？

Lā dùzi ma?

Any diarrhea?

男士：不拉肚子。

Bù lā dùzi.

No.

医生：肚子疼吗？

Dùzi téng ma?

Do you have a stomachache?

男士：肚子不疼。

Dùzi bù téng.

No, I don't.

医生：你身体痒吗？

Nǐ shēntǐ yǎng ma?

Does your body itch?

男士：不痒。

Bù yǎng.

No, it doesn't.

医生：你得了感冒。回去吃药，注意多喝水，多休息。

Nǐ déle gǎnmào. Huíqu chī yào, zhùyì duō hē shuǐ, duō xiūxi.

You have a cold. Take some medicine when you get back home, and be sure to drink more water and get more rest.

男士：好的。

Hǎo de.

All right.

常用表达法
Useful Phrases and Expressions

1. 从今天早上开始，我发烧，头疼，呕吐。
Cóng jīntiān zǎoshang kāishǐ, wǒ fā shāo, tóuténg, ǒutù.
Since this morning, I've been having a fever and headache and vomiting.

The doctor will ask you when the symptoms started when you are in the hospital. You can use: "Cóng……kāishǐ, wǒ……" to describe what happened and when it started. Here are more examples:

❶ 从昨晚开始，我拉肚子。
Cóng zuówǎn kāishǐ, wǒ lā dùzi.
Since last night, I have had diarrhea.

❷ 从今天下午开始，我休息。
Cóng jīntiān xiàwǔ kāishǐ, wǒ xiūxi.
I shall take a rest starting from this afternoon.

2. 注意多喝水，多休息。
Zhùyì duō hē shuǐ, duō xiūxi.
Be sure to drink more water and get more rest.

When you want to remind someone to be careful about something, you can tell him/her by saying: "Zhùyì……" Here are more examples:

❶ 注意多说汉语。
Zhùyì duō shuō Hànyǔ.
Try to speak more Chinese.

❷ 注意多吃水果。
Zhùyì duō chī shuǐguǒ.
Be sure to eat more fruit.

练习
Exercises

一、读一读 Read the following words and phrases.

发烧	fā shāo	have a fever
头疼	tóuténg	headache
咳嗽	késou	cough
流鼻涕	liú bítì	have a running nose
牙疼	yá téng	toothache
腿疼	tuǐ téng	an ache in the leg
胃疼	wèi téng	stomachache
肚子疼	dùzi téng	stomachache; suffer from abdominal pain
拉肚子	lā dùzi	suffer from diarrhea; have loose bowels
呕吐	ǒutù	vomit
痒痒	yǎngyang	itchy
头晕	tóu yūn	dizzy; giddy
恶心	ěxin	feel sick
心慌	xīn huāng	be flustered; be nervous
按时	ànshí	on schedule
多休息	duō xiūxi	get more rest
多喝水	duō hē shuǐ	drink more water
多吃菜	duō chī cài	eat more vegetables
多运动	duō yùndòng	take more physical exercises
多吃水果	duō chī shuǐguǒ	eat more fruit

二、试一试 Substitution drills.

1. 从今天早上开始，我发烧，头疼，呕吐。
Cóng jīntiān zǎoshang kāishǐ, wǒ fā shāo, tóuténg, ǒutù.

昨天晚上 zuótiān wǎnshang	头晕 tóu yūn
星期一 xīngqīyī	头疼、流鼻涕 tóuténg、liú bítì
早上 zǎoshang	心慌 xīn huāng
中午 zhōngwǔ	牙疼 yá téng

2. 注意多休息，多喝水。
Zhùyì duō xiūxi, duō hē shuǐ.

多睡觉
duō shuìjiào

少吃糖
shǎo chī táng

多运动
duō yùndòng

按时吃药
ànshí chī yào

三、能力训练 Practice your Chinese.

1. 用汉语说说得病以后的症状。
Yòng Hànyǔ shuōshuo dé bìng yǐhòu de zhèngzhuàng.
Talk about the symptoms of some illnesses in Chinese.

2. 讲述一次你得病的经历。
Jiǎngshù yí cì nǐ dé bìng de jīnglì.
Talk about one of your experiences of being sick.

28 Lesson 28

取药

Qǔ Yào

At a Pharmacy

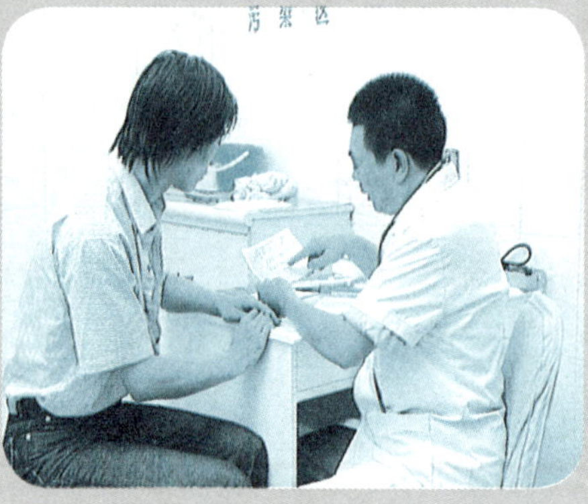

你知道吗？
Do you know?

After getting a prescription from the doctor, you can fetch the medicine at the hospital's pharmacy, or buy it in a drugstore outside the hospital. At the hospital's pharmacy, you should first have your prescription priced, pay it at the cashier's desk and then go to the pharmacy to get the medicine. Traditional Chinese medicine and Western medicine are to be obtained at different dispensaries. It is noteworthy that the prescription is only valid on that specific day, after which you need a new prescription to obtain the medicine. As for drugstores outside, you can only buy OTC medicine there; otherwise you need to show the prescription.

生词 Vocabulary

1	次	cì	*m.*	position in a series; occurrence; time
2	片	piàn	*m.*	tablet; piece; slice
3	一起	yìqǐ	*adv.*	together; altogether
4	收费处	shōufèichù	*np.*	cashier desk; charge collecting counter
5	对面	duìmiàn	*n.*	opposite

句型 Sentence Patterns

1. 这个药一天吃……次，一次吃……片。
   Zhège yào yì tiān chī……cì, yí cì chī……piàn.

2. ……以后再……
   ……yǐhòu zài……

情景会话 Situational Conversations

[Here is a patient taking a prescription to the pharmacy.]

医生：这个药一天吃两次，一次吃一片；这个药一天吃三次，一次吃两片。注意，吃饭以后再吃。

Zhège yào yì tiān chī liǎng cì, yí cì chī yí piàn; zhège yào yì tiān chī sān cì, yí cì chī liǎng piàn. Zhùyì, chī fàn yǐhòu zài chī.

Take this medicine twice a day, one pill each time. Take that one three times a day, and two pills each time. Be sure to take them after meal.

男士：两个药可以一起吃吗？

Liǎng ge yào kěyǐ yìqǐ chī ma?

Can I take both medicines together?

医生：可以一起吃。

Kěyǐ yìqǐ chī.

Yes, you can.

男士：谢谢。我知道了。

Xièxie. Wǒ zhīdào le.

Thank you. I see.

医生：请你先去收费处交钱，然后再取药。

Qǐng nǐ xiān qù shōufèichù jiāo qián, ránhòu zài qǔ yào.

Please go to the cashier desk to pay first, and then come back here to pick up your medicine.

男士：收费处在哪儿？

Shōufèichù zài nǎr?

Where is the cashier desk?

医生：在对面。

Zài duìmiàn.

It is on the opposite side.

常用表达法
Useful Phrases and Expressions

1. 这个药一天吃两次，一次吃一片。

Zhège yào yì tiān chī liǎng cì, yí cì chī yí piàn.

Take this medicine twice a day, one pill each time.

Doctors or pharmacists normally tell you when and how you should take the medication. You should also read the directions on each container of the medicine carefully. The following are more examples:

❶ 这个药一天吃四次，一次吃两片。

Zhège yào yì tiān chī sì cì, yí cì chī liǎng piàn.

Take this medicine four times a day, two pills each time.

❷ 这个药一天吃一次，一次吃五粒。

Zhège yào yì tiān chī yí cì, yí cì chī wǔ lì.

Take this medicine once a day, five pills each time.

2. 吃饭以后再吃。

Chī fàn yǐhòu zài chī.

Take them after meal.

"……yǐhòu zài……" is used to indicate that the second action is only to happen after the first action is done. It is often used in spoken Chinese. The following are more examples:

❶ 洗手以后再拿苹果。

Xǐ shǒu yǐhòu zài ná píngguǒ.

Wash your hands before taking the apples.

❷ 看医生以后再去工作。

Kàn yīshēng yǐhòu zài qù gōngzuò.

See the doctor first, and then go to work.

练习
Exercises

一、读一读 Read the following words and phrases.

收费处	shōufèichù	cashier desk; charge collecting counter
挂号处	guàhàochù	registration counter
取药处	qǔyàochù	pharmacy
住院处	zhùyuànchù	admission office in a hospital
取药	qǔ yào	get medicine
中药	zhōngyào	traditional Chinese medicine
西药	xīyào	Western medicine
取钱	qǔ qián	to withdraw money
取信	qǔ xìn	to get one's letter
取东西	qǔ dōngxi	to get one's things
量体温	liáng tǐwēn	take one's temperature
打针	dǎ zhēn	give or take an injection
药片	yàopiàn	tablet
药丸	yàowán	pill
吃两次	chī liǎng cì	take twice
吃一次	chī yí cì	take once
吃三片	chī sān piàn	take three pills
吃五粒	chī wǔ lì	take five pills
药水	yàoshuǐ	liquid medicine
毫升	háoshēng	milliliter

二、试一试 Substitution drills.

1. 这个药一天吃<u>两</u>次，一次吃<u>一片</u>。

   Zhège yào yì tiān chī <u>liǎng</u> cì, yí cì chī <u>yí piàn</u>.

四 sì	两片 liǎng piàn
三 sān	10毫升 shí háoshēng
两 liǎng	三粒 sān lì
三 sān	半片 bàn piàn

2. <u>吃饭</u>以后再<u>吃</u>。

   <u>Chī fàn</u> yǐhòu zài <u>chī</u>.

洗手 xǐ shǒu	吃药 chī yào
看病 kàn bìng	去工作 qù gōngzuò
起床 qǐ chuáng	量体温 liáng tǐwēn
化验 huàyàn	打针 dǎ zhēn

三、能力训练 Practice your Chinese.

1. 找一份药品说明书，查看并试着说说这种药怎么吃。

   Zhǎo yí fèn yàopǐn shuōmíngshū, chákàn bìng shìzhe shuōshuo zhè zhǒng yào zěnme chī.

   Find a piece of medicine instruction. After reading it, try to tell how to take that medicine.

2. 在中国的医院看病，一般在哪儿交费？在哪儿取药？

Zài Zhōngguó de yīyuàn kàn bìng, yìbān zài nǎr jiāo fèi? Zài nǎr qǔ yào?

Where do you usually pay fees and get medicine in a Chinese hospital?

看望病人

Kànwàng Bìngrén

Visiting a Patient

你知道吗？
Do you know?

When a friend is sick or in trouble, surely you want to visit him/her. You can bring him/her some brightly colored fruits, like apples, bananas or oranges, which are most popular among patients, or you can buy some nutrient for him/her. If you prefer flowers, do remember not to buy any white ones or chrysanthemums, which are only sent to deceased people. If your friend is in hospital, you can only make your visit during the visiting hours, mostly in afternoons.

生词 Vocabulary

❶ 听说	tīngshuō	*v.*	be told; hear of
❷ 送	sòng	*v.*	deliver; give as a present; give
❸ 水果	shuǐguǒ	*n.*	fruit
❹ 脸色	liǎnsè	*n.*	facial expression; look; complexion
❺ 康复	kāngfù	*v.*	recovered; restored to health

句型 Sentence Patterns

❶ 听说你病了，我来看看你，这是送你的……
Tīngshuō nǐ bìng le, wǒ lái kànkan nǐ, zhè shì sòng nǐ de……

❷ 你好好儿……，祝你……。我会再来看你。
Nǐ hǎohāor……, zhù nǐ……. Wǒ huì zài lái kàn nǐ.

情景会话 Situational Conversations

[Here is a man coming to visit his ailing friend in a hospital.]

同事：听说你病了，我来看看你，这是送你的水果。
Tīngshuō nǐ bìng le, wǒ lái kànkan nǐ, zhè shì sòng nǐ de shuǐguǒ.
I've heard that you are sick, so I've come to see you. This fruit is for you.

病人：谢谢，你太客气了。

Xièxie, nǐ tài kèqi le.

Thank you. You are so kind.

同事：现在你好一点儿了吗？你的脸色看起来很好。

Xiànzài nǐ hǎo yìdiǎnr le ma? Nǐ de liǎnsè kàn qǐlai hěn hǎo.

Are you getting any better now? Your are in good looks.

病人：好多了。

Hǎo duō le.

I feel much better now.

……

同事：好了，我要走了。你好好儿休息，祝你早日康复。我会再来看你。

Hǎo le, wǒ yào zǒu le. Nǐ hǎohāor xiūxi, zhù nǐ zǎorì kāngfù. Wǒ huì zài lái kàn nǐ.

Well, I should be off now. Have a good rest. I hope you will recover soon. I will come to see you again.

病人：谢谢，不用来了，过几天我就可以上班了。

Xièxie, búyòng lái le, guò jǐ tiān wǒ jiù kěyǐ shàng bān le.

Thank you. You don't need to. I will return to work in a few days.

常用表达法
Useful Phrases and Expressions

1. 听说你病了，我来看看你，这是送你的水果。

Tīngshuō nǐ bìng le, wǒ lái kànkan nǐ, zhè shì sòng nǐ de shuǐguǒ.

I've heard that you are sick, so I've come to see you. This fruit is for you.

When going to see a friend who is sick, a Chinese person will usually bring along some fruit or food to give to his/her friend as a courtesy. This is a Chinese custom. Recently, giving flowers to a patient has also become a common practice. We may say something like: "Tīngshuō nǐ bìng le, wǒ lái kànkan nǐ, zhè shì sòng nǐ de shuǐguǒ." The following are more examples:

❶ 听说你病了，我来看看你，这是送你的花儿。

Tīngshuō nǐ bìng le, wǒ lái kànkan nǐ, zhè shì sòng nǐ de huār.

I've heard that you are sick, so I've come to see you. These flowers are for you.

❷ 听说你病了，我来看看你，这是送你的苹果。

Tīngshuō nǐ bìng le, wǒ lái kànkan nǐ, zhè shì sòng nǐ de píngguǒ.

I've heard that you are sick, so I've come to see you. These apples are for you.

2. 你好好儿休息，祝你早日康复。我会再来看你。

Nǐ hǎohāor xiūxi, zhù nǐ zǎorì kāngfù. Wǒ huì zài lái kàn nǐ.

Have a good rest. I hope you will recover soon. I'll come to see you again.

Chinese often say some nice words to their ailing friend before leaving. If a friend of yours is sick, you may say: "Nǐ hǎohāor xiūxi, zhù nǐ zǎorì kāngfù. Wǒ huì zài lái kàn nǐ." For different occasions, we have other phrases, e.g.

❶ 你好好儿学习，祝你早日毕业。我会再来看你。

Nǐ hǎohāor xuéxí, zhù nǐ zǎorì bì yè. Wǒ huì zài lái kàn nǐ.

Study well. I hope you will graduate soon. I'll come to see you again.

❷ 你好好儿休息，祝你一切顺利。我会再来看你。

Nǐ hǎohāor xiūxi, zhù nǐ yíqiè shùnlì. Wǒ huì zài lái kàn nǐ.

Have a good rest. I hope everything will go smoothly. I'll come to see you again.

练习
Exercises

一、读一读 Read the following words and phrases.

水果	shuǐguǒ	fruit
东西	dōngxi	thing; stuff
苹果	píngguǒ	apple
礼物	lǐwù	gift; present
鲜花	xiānhuā	fresh flower
杂志	zázhì	magazine
书籍	shūjí	books; works; literature
蛋糕	dàngāo	cake
玩具	wánjù	toy
准备	zhǔnbèi	prepare
取得	qǔdé	get; gain; obtain
成绩	chéngjì	achievement; success
休息	xiūxi	rest
休养	xiūyǎng	recuperate
康复	kāngfù	recover
住院	zhù yuàn	be in hospital
出院	chū yuàn	leave hospital
毕业	bì yè	graduate

二、试一试 Substitution drills.

1. 听说你<u>病了</u>，我来看看你，这是送你的<u>水果</u>。
Tīngshuō nǐ <u>bìng le</u>, wǒ lái kànkan nǐ, zhè shì sòng nǐ de <u>shuǐguǒ</u>.

回来了 huílai le	东西 dōngxi

住院了 zhù yuàn le	杂志 zázhì
要走了 yào zǒu le	礼物 lǐwù
不舒服 bù shūfu	鲜花 xiānhuā

2. 好好儿休息，祝你早日康复。我会再来看你。
Hǎohāor xiūxi, zhù nǐ zǎorì kāngfù. Wǒ huì zài lái kàn nǐ.

学习 xuéxí	早日毕业 zǎorì bì yè
准备 zhǔnbèi	一切顺利 yíqiè shùnlì
练习 liànxí	取得好成绩 qǔdé hǎo chéngjì
休养 xiūyǎng	早日出院 zǎorì chū yuàn

三、能力训练 Practice your Chinese.

1. 你的朋友住院了，你拿着鲜花去看他，见到他应该怎么问候？
Nǐ de péngyou zhù yuàn le, nǐ názhe xiānhuā qù kàn tā, jiàndao tā yīnggāi zěnme wènhòu?

One of your friends is in hospital. You've brought some flowers to him. When you see him, what will you say to him?

2. 你的朋友要出国留学了，告别时，你应该怎样祝福他？
Nǐ de péngyou yào chū guó liúxué le, gàobié shí, nǐ yīnggāi zěnyàng zhùfú tā?

One of your friends is leaving to study abroad. When he bids farewell to you, what would you say to express your wishes to him?

请假

Qǐng Jià

Asking for Leave

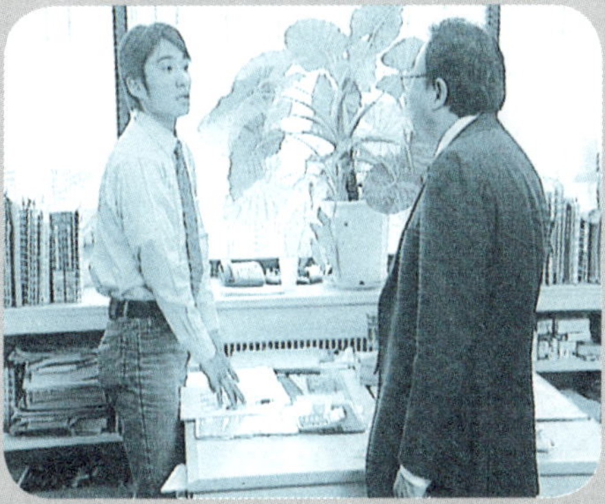

你知道吗？
Do you know?

In China, in addition to legal holidays, students and teachers have summer and winter vacations, and office clerks have annual leave. Anyone who cannot go to school or work for any reason should ask for leave. The most formal way is to write a note for leave. For a sick leave, a doctor's note is often required.

生词 Vocabulary

❶ 请假	qǐng jià	*v.*	ask for leave
❷ 接	jiē	*v.*	receive; meet; welcome
❸ 事假	shìjià	*n.*	leave of absence (to attend private affairs)
❹ 病	bìng	*v.*	be ill; be sick
❺ 病假	bìngjià	*n.*	sick leave

句型 Sentence Patterns

……，我要去……。我要请……假。
……, wǒ yào qù……. Wǒ yào qǐng ……jià.

情景会话 Situational Conversations

I

[Here is an employee asking his manager for leave.]

男士：经理，明天上午，我妈妈要从美国来北京，我要去飞机场接她。我要请半天事假。

Jīnglǐ, míngtiān shàngwǔ, wǒ māma yào cóng Měiguó lái Běijīng, wǒ yào qù fēijīchǎng jiē tā. Wǒ yào qǐng bàn tiān shìjià.

Manager, my mother is coming to Beijing from America tomorrow morning, and I will pick her up at the airport. I would like to ask for a half-day's leave from work.

经理：有什么要我帮忙的吗？

Yǒu shénme yào wǒ bāngmáng de ma?

Do you need any help?

男士：没有，谢谢。

Méiyǒu, xièxie.

No, thank you.

经理：问你妈妈好。

Wèn nǐ māma hǎo.

Please send my regards to her.

男士：谢谢。

Xièxie.

Thank you!

II

[The boss asks why Ali hasn't come.]

经理：阿里怎么没来？

Ālǐ zěnme méi lái?

Why isn't Ali here?

男士：他病了，他今天请病假了。

Tā bìng le, tā jīntiān qǐng bìngjià le.

He is sick. He has asked for sick leave today.

常用表达法

Useful Phrases and Expressions

明天上午，我妈妈要从美国来北京，我要去飞机场接她。我要请半天事假。

Míngtiān shàngwǔ, wǒ māma yào cóng Měiguó lái Běijīng, wǒ yào qù fēijīchǎng jiē tā. Wǒ yào qǐng bàn tiān shìjià.

My mother is coming to Beijing from America tomorrow morning. I will pick her up at the airport. I would like to ask for a half-day's leave from work.

Sometimes you happen to fall sick or have an urgent matter to attend to which compels you to ask for leave from your boss. For instance, your mother is coming to the city by plane tomorrow morning and you must go to the airport to pick her up. Then you need to ask your boss for leave from work by saying: "……, wǒ yào qù……. Wǒ yào qǐng ……jià." The following are more examples:

1. 今天上午，我要去看大夫，我要请半天病假。

   Jīntiān shàngwǔ, wǒ yào qù kàn dàifu, wǒ yào qǐng bàn tiān bìngjià.

   I will go to see a doctor this morning. I need to ask for a half-day's sick leave.

2. 现在我很不舒服，我要请一天病假。

   Xiànzài wǒ hěn bù shūfu, wǒ yào qǐng yì tiān bìngjià.

   I feel very uncomfortable right now. I need to ask for sick leave for one day.

练习
Exercises

一、读一读 Read the following words and phrases.

请假	qǐng jià	ask for leave
事假	shìjià	leave (to attend to personal matters)
病假	bìngjià	sick leave
婚假	hūnjià	marriage leave
产假	chǎnjià	maternity leave

丧假	sāngjià	bereavement leave
探亲假	tànqīnjià	leave for visiting one's parents
年假	niánjià	annual leave
暑假	shǔjià	summer vacation
寒假	hánjià	winter vacation
需要	xūyào	need; require
照顾	zhàogù	look after; take care of

二、试一试 Substitution drills.

明天上午，我妈妈要从美国来北京，我要去飞机场接她。我要请半天事假。

Míngtiān shàngwǔ, wǒ māma yào cóng Měiguó lái Běijīng, wǒ yào qù fēijīchǎng jiē tā. Wǒ yào qǐng bàn tiān shìjià.

从昨天晚上开始我头疼 Cóng zuótiān wǎnshang kāishǐ wǒ tóuténg	一天病假 yì tiān bìngjià
现在我有点儿恶心 Xiànzài wǒ yǒudiǎnr ěxin	半天病假 bàn tiān bìngjià
星期六我要去参加一个婚礼 Xīngqīliù wǒ yào qù cānjiā yí ge hūnlǐ	一天事假 yì tiān shìjià
昨天我奶奶病了，需要我照顾她 Zuótiān wǒ nǎinai bìng le, xūyào wǒ zhàogù tā	三天事假 sān tiān shìjià

三、能力训练 Practice your Chinese.

1. 假设你感冒了，请向你的老板请一天病假。

   Jiǎshè nǐ gǎnmào le, qǐng xiàng nǐ de lǎobǎn qǐng yì tiān bìngjià.

   Suppose you have got a cold. Ask your boss for a day's sick leave.

2. 假设你的车丢了，请向你的老板请一天假去处理。

Jiǎshè nǐ de chē diū le, qǐng xiàng nǐ de lǎobǎn qǐng yì tiān jià qù chǔlǐ.

Suppose your car is lost. Ask your boss for a day's leave to take care of the matter.

Lesson 31

转告带话

Zhuǎngào Dài Huà

Passing on a Message

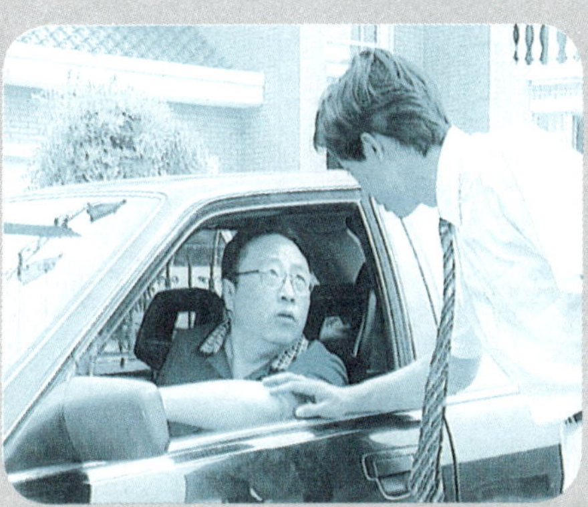

你知道吗？
Do you know?

In daily life, we often need to leave messages. Sometimes we ask others to pass on our message and other times we pass on messages for others. In either case, we should spell out the time, place and event. Messages can be passed on verbally or through a note.

生词 Vocabulary

1	带话	dài huà	*v.*	pass on a message
2	总	zǒng	*adj.*	general
3	告诉	gàosu	*v.*	tell; let know
4	开会	kāi huì	*v.*	hold or attend a meeting

句型 Sentence Patterns

1. 麻烦你一件事，请你告诉……，让他……
   Máfan nǐ yí jiàn shì, qǐng nǐ gàosu……, ràng tā……

2. ……让我告诉你……
   ……ràng wǒ gàosu nǐ……

情景会话 Situational Conversations

I

[Here is a man asking his colleague to convey a message to Xiao Wang.]

老李：你去哪儿？
Nǐ qù nǎr?
Where are you going?

男士：我去总公司。
Wǒ qù zǒng gōngsī.
I am going to the head office.

老李：麻烦你一件事，请你告诉小王，让她明天下午去经理办公室开会。

Máfan nǐ yí jiàn shì, qǐng nǐ gàosu Xiǎo Wáng, ràng tā míngtiān xiàwǔ qù jīnglǐ bàngōngshì kāi huì.

Can I ask you to do me a favor? Please tell Xiao Wang to attend a meeting tomorrow afternoon at the manager's office.

男士：我一定告诉她。

Wǒ yídìng gàosu tā.

I will be sure to tell her.

II

[In Xiao Wang's office]

男士：小王，老李让我告诉你明天下午去经理办公室开会。

Xiǎo Wáng, Lǎo Lǐ ràng wǒ gàosu nǐ míngtiān xiàwǔ qù jīnglǐ bàngōngshì kāi huì.

Xiao Wang, Lao Li asked me to tell you to attend a meeting at the manager's office tomorrow afternoon.

小王：有什么事吗？

Yǒu shénme shì ma?

Do you know what it is about?

男士：不知道。

Bù zhīdào.

No, I don't.

常用表达法 Useful Phrases and Expressions

1. 麻烦你一件事，请你告诉小王，让她明天下午去经理办公室开会。

Máfan nǐ yí jiàn shì, qǐng nǐ gàosu Xiǎo Wáng, ràng tā míngtiān xiàwǔ qù jīnglǐ bàngōngshì kāi huì.

Can I ask you to do me a favor? Please tell XiaoWang to attend a meeting tomorrow afternoon at the manager's office.

Sometimes, we need to ask a person to pass a message to another person. You should politely start like: "Máfan nǐ yí jiàn shì……" and then give your message. Here "Xiao Wang" and "Lao Wang" below are forms of addressing a person. They are often used among friends and colleagues. The following are more examples:

❶ 麻烦你一件事，请你告诉老王，让他今天下午去经理办公室拿钱。

Máfan nǐ yí jiàn shì, qǐng nǐ gàosu Lǎo Wáng, ràng tā jīntiān xiàwǔ qù jīnglǐ bàngōngshì ná qián.

I have a favor to ask of you. Please tell Lao Wang to go to the manager's office to get his money this afternoon.

❷ 麻烦你一件事，请你告诉阿里，让他明天下午去办公室找张老师。

Máfan nǐ yí jiàn shì, qǐng nǐ gàosu Ālǐ, ràng tā míngtiān xiàwǔ qù bàngōngshì zhǎo Zhāng lǎoshī.

May I bother you with something? Please tell Ali to go to see Mr./Ms. Zhang at his/her office tomorrow afternoon.

2. 老李让我告诉你，明天下午去经理办公室开会。

Lǎo Lǐ ràng wǒ gàosu nǐ, míngtiān xiàwǔ qù jīnglǐ bàngōngshì kāi huì.

Lao Li asked me to tell you to attend a meeting at the manager's office tomorrow afternoon.

If you are passing on a message, you may give the message to the person saying: "……ràng wǒ gàosu nǐ……" Here are more examples:

❶ 张山让我告诉你今天下午去经理办公室拿钱。

Zhāng Shān ràng wǒ gàosu nǐ jīntiān xiàwǔ qù jīnglǐ bàngōngshì ná qián.

Zhang Shan asked me to tell you to go to the manager's office this afternoon to get your money.

❷ 李力让我告诉你明天下午去办公室找张老师。

Lǐ Lì ràng wǒ gàosu nǐ míngtiān xiàwǔ qù bàngōngshì zhǎo Zhāng lǎoshī.

Li Li asked me to tell you to go to see Mr./Ms. Zhang at his/her office tomorrow afternoon.

练习 Exercises

一、读一读 Read the following words and phrases.

总公司	zǒng gōngsī	head office (of a corporation)
分公司	fēn gōngsī	branch office
大公司	dà gōngsī	big company
小公司	xiǎo gōngsī	small company
中国公司	Zhōngguó gōngsī	Chinese company
值班室	zhíbānshì	room for sb. on duty
财务室	cáiwùshì	financial affairs office
休息室	xiūxishì	rest room
经理办公室	jīnglǐ bàngōngshì	manager's office
老师办公室	lǎoshī bàngōngshì	teacher's office

公司办公室	gōngsī bàngōngshì	company's office
老板办公室	lǎobǎn bàngōngshì	boss's office

二、试一试 Substitution drills.

1. 麻烦你一件事，请你告诉小王，让他明天下午去经理办公室开会。
Máfan nǐ yí jiàn shì, qǐng nǐ gàosu Xiǎo Wáng, ràng tā míngtiān xiàwǔ qù jīnglǐ bàngōngshì kāi huì.

老王 Lǎo Wáng	今天下午去财务室拿钱 jīntiān xiàwǔ qù cáiwùshì ná qián
阿里 Ālǐ	明天下午去学校找张老师 míngtiān xiàwǔ qù xuéxiào zhǎo Zhāng lǎoshī
小丽 Xiǎolì	明天上午去北京饭店开会 míngtiān shàngwǔ qù Běijīng Fàndiàn kāi huì
小张 Xiǎo Zhāng	星期六到医生值班室找我 xīngqīliù dào yīshēng zhíbānshì zhǎo wǒ

2. 老李让我告诉你明天下午去经理办公室开会。
Lǎo Lǐ ràng wǒ gàosu nǐ míngtiān xiàwǔ qù jīnglǐ bàngōngshì kāi huì.

张山 Zhāng Shān	今天下午去公司财务室拿钱 jīntiān xiàwǔ qù gōngsī cáiwùshì ná qián
李力 Lǐ Lì	明天下午去学校找张老师 míngtiān xiàwǔ qù xuéxiào zhǎo Zhāng lǎoshī
老刘 Lǎo Liú	明天上午去北京饭店开会 míngtiān shàngwǔ qù Běijīng Fàndiàn kāi huì
吴医生 Wú yīshēng	星期六到医生值班室找他 xīngqīliù dào yīshēng zhíbānshì zhǎo tā

三、能力训练 Practice your Chinese.

1. 请朋友的同事告诉你的朋友，你找过他，如果他有时间，给你打一个电话。

   Qǐng péngyou de tóngshì gàosu nǐ de péngyou, nǐ zhǎoguo tā, rúguǒ tā yǒu shíjiān, gěi nǐ dǎ yí ge diànhuà.

   Ask your friend's colleague to tell your friend that you have come to see him and ask him to call you back if he has time.

2. 经理让你通知你的同事，下午3:00开会，你怎么说？

   Jīnglǐ ràng nǐ tōngzhī nǐ de tóngshì, xiàwǔ sān diǎn kāi huì, nǐ zěnme shuō?

   The manager asks you to inform your colleagues that there will be a meeting at 3:00 pm. How would you tell your colleagues?

32

Lesson 32

运动

Yùndòng

Doing Sports

你知道吗?

Do you know?

China is now promoting a "National Fitness Campaign", having set up quite a number of stadiums all over the country. Communities nowadays also provide various fitness equipment for people to use. Every morning, a lot of people play *taijiquan* (Chinese shadow boxing) in the park and people in some places of northern China do *yangge* dances in the street. Among all the ball games, basketball, volleyball, soccer, ping-pong and badminton are the favorites of Chinese people. Some people like winter outdoor swimming, believing that swimming in a lake when the temperature is below zero is good to health.

生词 Vocabulary

1	运动	yùndòng	*n.*	sport
2	保龄球	bǎolíngqiú	*n.*	bowling
3	实际上	shíjìshang	*adv.*	in fact; in practice; in reality; actually
4	最	zuì	*adv.*	*indicating the superlative degree*
5	比较	bǐjiào	*adv.*	comparatively; fairly
6	兴趣	xìngqù	*n.*	interest

句型 Sentence Patterns

1. 我是和……一起去的。
   Wǒ shì hé……yìqǐ qù de.

2. 我对……有/没（有）兴趣。
   Wǒ duì……yǒu/méi(yǒu) xìngqù.

情景会话 Situational Conversations

[The speakers are talking about sports while they are exercising.]

男士：昨天晚上，你去打保龄球了，是吗？
Zuótiān wǎnshang, nǐ qù dǎ bǎolíngqiú le, shì ma?
You went bowling last night, didn't you?

女士：是。我是和公司的客人一起去的。实际上，我最喜欢游泳。你呢？

Shì. Wǒ shì hé gōngsī de kèrén yìqǐ qù de. Shíjìshang, wǒ zuì xǐhuan yóuyǒng. Nǐ ne?

Yes, I did. I went with the company's clients. Actually, I like swimming best. How about you?

男士：我最喜欢跑步。

Wǒ zuì xǐhuan pǎo bù.

I like jogging best.

女士：别的呢？

Bié de ne?

Anything else?

男士：我也比较喜欢网球和篮球，我对足球没兴趣。

Wǒ yě bǐjiào xǐhuan wǎngqiú hé lánqiú, wǒ duì zúqiú méi xìngqù.

I also like tennis and basketball. I am not interested in soccer.

女士：是吗？不喜欢足球的男人可是不太多。

Shì ma? Bù xǐhuan zúqiú de nánrén kěshì bú tài duō.

Really? There are not many men who don't like soccer.

常用表达法 Useful Phrases and Expressions

1. 我是和公司的客人一起去的。

Wǒ shì hé gōngsī de kèrén yìqǐ qù de.

I went with the company's clients.

Do you like sports? Many people can not live without sports. Sometimes, doing sport is just part of your job. When you are going out to play a sport with someone such as your customer, you will say: "Wǒ shì hé gōngsī de kèrén yìqǐ qù de." The following are more examples:

❶ 我是和他一起去的。

Wǒ shì hé tā yìqǐ qù de.

He and I went together.

❷ 我是和弟弟一起去的。

Wǒ shì hé dìdi yìqǐ qù de.

My younger brother and I went together.

2. 我对足球没兴趣。

Wǒ duì zúqiú méi xìngqù.

I am not interested in soccer.

If you like or dislike a certain sport, you can use this following structure to express your interest: "Wǒ duì……yǒu / méi (yǒu) xìngqù." Here are more examples:

❶ 他对篮球很有兴趣。

Tā duì lánqiú hěn yǒu xìngqù.

He is quite interested in basketball.

❷ 我对跑步没有兴趣。

Wǒ duì pǎo bù méiyǒu xìngqù.

I don't enjoy jogging.

练习 Exercises

一、读一读 Read the following words and phrases.

网球	wǎngqiú	tennis
篮球	lánqiú	basketball
足球	zúqiú	soccer
排球	páiqiú	volleyball
乒乓球	pīngpāngqiú	ping-pong
羽毛球	yǔmáoqiú	badminton
台球	táiqiú	billiards
保龄球	bǎolíngqiú	bowling
高尔夫球	gāo'ěrfūqiú	golf
游泳	yóuyǒng	swim
跑步	pǎo bù	jog
跳舞	tiào wǔ	dance
骑马	qí mǎ	ride a horse
健身	jiànshēn	build up one's body; keep fit
客户	kèhù	customer; client
朋友	péngyou	friend
家人	jiārén	family members
妻子	qīzi	wife
上司	shàngsi	superior; boss

二、试一试 Substitution drills.

1. 我是和公司的客人一起去的。
   Wǒ shì hé gōngsī de kèrén yìqǐ qù de.

朋友 péngyou
家人 jiārén
妻子 qīzi
上司 shàngsi

2. 我对足球没兴趣。
Wǒ duì zúqiú méi xìngqù.

我 Wǒ	跑步 pǎo bù	没 méi
他 Tā	篮球 lánqiú	最有 zuì yǒu
我妻子 Wǒ qīzi	跳舞 tiào wǔ	有 yǒu
我朋友 Wǒ péngyou	健身 jiànshēn	比较有 bǐjiào yǒu

三、能力训练 Practice your Chinese.

1. 谈谈你喜欢的运动项目。
Tántan nǐ xǐhuan de yùndòng xiàngmù.
Talk about the sports you like.

2. 说说你的家人喜欢什么运动。
Shuōshuo nǐ de jiārén xǐhuan shénme yùndòng.
Talk about what sports your family members like.

33 Lesson 33

旅游

Lǚyóu

Travelling

你知道吗?
Do you know?

China has a vast territory and rich tourism resources. If you decide to go travelling, you'd better get some relevant information from books, tourism magazines, friends or the Internet before setting out. A package tour is convenient and safe, but has too much restraint, while travelling by yourself ensures your freedom in choosing whatever itinerary you like.

生词 Vocabulary

❶ 旅行社	lǚxíngshè	*n.*	travel service; travel agency
❷ 旅行团/旅游团	lǚxíngtuán/ lǚyóutuán	*np.*	tour group; touring party
❸ 合同	hétong	*n.*	contract
❹ 集合	jíhé	*v.*	gather; assemble; call together

句型 Sentence Patterns

❶ 我想……去……
Wǒ xiǎng……qù……

❷ ……（在）……集合。
……(zài)……jíhé.

情景会话 Situational Conversations

I

[Here, a traveller is calling for information.]

男　士：是北京旅行社吗？
Shì Běijīng Lǚxíngshè ma?
Is this Beijing Travel Agency?

营业员：是。
Shì.
Yes.

男　士：我想10月1日到10月6日去杭州。这个时间，你们有旅行团吗？

Wǒ xiǎng shí yuè yī rì dào shí yuè liù rì qù Hángzhōu. Zhège shíjiān, nǐmen yǒu lǚxíngtuán ma?

I want to go to visit Hangzhou from the 1st to the 6th of October. Do you have a tour for that period?

营业员：10月2日到10月5日有一个团。他们去杭州。

Shí yuè èr rì dào shí yuè wǔ rì yǒu yí ge tuán. Tāmen qù Hángzhōu.

We have a tour group to Hangzhou between the 2nd and the 5th of October.

男　士：多少钱？

Duōshao qián?

How much does it cost?

营业员：3夜4天，坐火车，1200块。

Sān yè sì tiān, zuò huǒchē, yìqiān èrbǎi kuài.

Three nights and four days, by train, and the total is 1,200 *yuan*.

II

[The man comes to the office of a travel agency.]

男　士：我要参加10月2日去杭州的旅游团。

Wǒ yào cānjiā shí yuè èr rì qù Hángzhōu de lǚyóutuán.

I want to join the group going to Hangzhou on the 2nd of October.

营业员：请您把您的护照给我看一下。

Qǐng nín bǎ nín de hùzhào gěi wǒ kàn yíxià.

May I see your passport, please?

男 士：好的。

Hǎo de.

ok.

营业员：请您看一下合同。如果没有问题，请您交钱，签名。

Qǐng nín kàn yíxià hétong. Rúguǒ méiyǒu wèntí, qǐng nín jiāo qián, qiān míng.

Please read the contract. If you have no questions about it, please make the payment and sign your name.

男 士：好的。（看合同，签名，交钱……）

Hǎo de. (Kàn hétong, qiān míng, jiāo qián ……)

All right. (He reads the contract, signs, and makes the payment…)

营业员：9月30日，请您来拿火车票。10月2日早上8:00火车上集合。

Jiǔ yuè sānshí rì, qǐng nín lái ná huǒchēpiào. Shí yuè èr rì zǎoshang bā diǎn huǒchē shang jíhé.

On the 30th of September, please come to pick up your train ticket. You will gather with other people on the train at 8 o'clock in the morning on the 2nd of October.

男 士：知道了。

Zhīdào le.

Ok, I see.

常用表达法
Useful Phrases and Expressions

1. 我想10月1日到10月6日去杭州。

Wǒ xiǎng shí yuè yī rì dào shí yuè liù rì qù Hángzhōu.

I want to go to visit Hangzhou from the 1st to the 6th of October.

If you want to travel around China with a tour group, you must first have your travel documents or passport ready. Contact a travel agency, review the tour program, indicate the travel time and sign a contract. Here are more examples:

❶ 我想5月1日到5月10日去香港。

Wǒ xiǎng wǔ yuè yī rì dào wǔ yuè shí rì qù Xiānggǎng.

I want to go to visit Hong Kong from the 1st to the 10th of May.

❷ 我想8月10日到8月15日去上海。

Wǒ xiǎng bā yuè shí rì dào bā yuè shíwǔ rì qù Shànghǎi.

I want to go to visit Shanghai from the 10th to the 15th of August.

2. 10月2日早上8:00火车上集合。

Shí yuè èr rì zǎoshang bā diǎn huǒchē shang jíhé.

You will gather with other people on the train at 8 o'clock in the morning on the 2nd of October.

After you have made all the arrangements with the travel agency, the tour guide will confirm the time and the place you will gather with other members of the tour group. The following are more examples:

❶ 明天早上7:00饭店门口集合。

Míngtiān zǎoshang qī diǎn fàndiàn ménkǒu jíhé.

We shall all gather at the hotel's entrance at 7 o'clock tomorrow morning.

❷ 星期一晚上6:00火车站集合。

Xīngqīyī wǎnshang liù diǎn huǒchēzhàn jíhé.

We shall all gather at the railway station at 6 o'clock Monday evening.

练习
Exercises

一、读一读 Read the following words and phrases.

旅游	lǚyóu	tour; tourism
旅游团	lǚyóutuán	tour group
旅行	lǚxíng	travel; journey; tour
旅行社	lǚxíngshè	travel agency
签名	qiān míng	signature
签字	qiān zì	sign one's name
集合	jíhé	get together; gather
见（面）	jiàn (miàn)	meet; see
杭州	Hángzhōu	Hangzhou (name of a city)
西安	Xī'ān	Xi'an (name of a city)
西藏	Xīzàng	Tibet
台湾	Táiwān	Taiwan
九寨沟	Jiǔzhàigōu	Jiuzhaigou (name of a tourist attraction)
海南	Hǎinán	Hainan Province
澳门	Àomén	Macau
澳大利亚	Àodàlìyà	Australia
会议室	huìyìshì	meeting room; conference room

二、试一试 Substitution drills.

1. 我想10月1日到10月6日去杭州。
Wǒ xiǎng shí yuè yī rì dào shí yuè liù rì qù Hángzhōu.

下个月1号 xià ge yuè yī hào	10号 shí hào	澳门 Àomén

2月2日 èr yuè èr rì	2月15日 èr yuè shíwǔ rì	九寨沟 Jiǔzhàigōu
这个星期 zhège xīngqī	下个星期 xiàge xīngqī	海南 Hǎinán
七月 qī yuè	八月 bā yuè	澳大利亚 Àodàlìyà

2. 10月2日早上8:00 火车上集合。
Shí yuè èr rì zǎoshang bā diǎn huǒchē shang jíhé.

明天下午3:00 Míngtiān xiàwǔ sān diǎn	饭店门口 fàndiàn ménkǒu
星期二中午11:00 Xīngqī'èr zhōngwǔ shíyī diǎn	会议室 huìyìshì
明天早上 Míngtiān zǎoshang	餐厅 cāntīng
后天上午9:30 Hòutiān shàngwǔ jiǔ diǎn bàn	机场 jīchǎng

三、能力训练 Practice your Chinese.

1. 你想利用"十一"假期参加旅行团去西藏旅游，去旅行社了解一下具体行程。
Nǐ xiǎng lìyòng "Shíyī" jiàqī cānjiā lǚxíngtuán qù Xīzàng lǚyóu, qù lǚxíngshè liǎojiě yíxià jùtǐ xíngchéng.

You want to join a tour to Tibet from October 1st to 7th and go to a travel agency to find out the specific itinerary.

2. 你和朋友约定周末一起出游，问一下具体时间安排和集合地点。
Nǐ hé péngyou yuēdìng zhōumò yìqǐ chūyóu, wèn yíxià jùtǐ shíjiān ānpái hé jíhé dìdiǎn.

You have agreed to go on a trip with your friends and ask for the detailed schedule gathering place.

Lesson 34

34

唱卡拉OK

Chàng Kǎlā OK

Going to Karaoke

你知道吗？
Do you know?

China now has a lot of entertainment places, among which karaoke (also called KTV) is one of the most frequented. It is a good place to hang out with friends, where you can chat and sing. Most karaoke halls provide buffet meals. Rooms can be reserved in advance and are charged by size and period of time. Prices vary greatly between prime time and ordinary time.

生词 Vocabulary

❶	卡拉OK	kǎlā OK	*np.*	karaoke
❷	区别	qūbié	*n.*	difference
❸	歌曲	gēqǔ	*n.*	song
❹	唱	chàng	*v.*	sing
❺	饮料	yǐnliào	*n.*	beverage; drink

句型 Sentence Patterns

❶ 您要……还是……？
Nín yào……háishi……？

❷ ……和……有什么区别？
……hé……yǒu shénme qūbié?

情景会话 Situational Conversations

[Here, some people are standing in front of the service counter of a karaoke place.]

男　士：小姐，我要一个卡拉OK房间。
Xiǎojiě, wǒ yào yí ge kǎlā OK fángjiān.
Miss, I want a karaoke room.

服务员：您要大房间还是小房间？
Nín yào dà fángjiān háishi xiǎo fángjiān?
Do you want a big room or a small room?

男　士：大房间和小房间有什么区别？

Dà fángjiān hé xiǎo fángjiān yǒu shénme qūbié?

What is the difference between the big room and the small one?

服务员：大房间一个小时90块，小房间一个小时60块。你们有多少人？

Dà fángjiān yí ge xiǎoshí jiǔshí kuài, xiǎo fángjiān yí ge xiǎoshí liùshí kuài. Nǐmen yǒu duōshao rén?

The big room is 90 *yuan* per hour, and the small room is 60 *yuan* per hour. How many people do you have?

男　士：5个。

Wǔ ge.

Five people.

服务员：小房间就可以。

Xiǎo fángjiān jiù kěyǐ.

Then a small room is all right.

男　士：你们有英文歌曲吗？

Nǐmen yǒu Yīngwén gēqǔ ma?

Are there any English songs?

服务员：有，有很多老歌。

Yǒu, yǒu hěn duō lǎo gē.

Yes, there are many old songs.

男　士：没关系，我会唱一些中国歌。

Méi guānxi, wǒ huì chàng yìxiē Zhōngguógē.

That's all right. I can sing some Chinese songs.

服务员：要饮料，可以找服务员。这边请。

Yào yǐnliào, kěyǐ zhǎo fúwùyuán. Zhèbian qǐng.

If you want to order some drink, you can tell the waiter. This way, please.

常用表达法 Useful Phrases and Expressions

1. 您要大房间还是小房间?

Nín yào dà fángjiān háishi xiǎo fángjiān?

Do you want a big room or a small room?

Entertainment places for singing along with music and lyrics on a TV screen such as "karaoke" have several room sizes, i.e. big, medium and small, for customers to choose. A staff member at the karaoke place may ask you: "Nín yào dà fángjiān háishi xiǎo fángjiān?" You then decide what kind of room you want to use. Other sentences that you might be asked are as follows:

❶ 你要茶还是咖啡?

Nǐ yào chá háishi kāfēi?

What do you want, tea or coffee?

❷ 你要吃中国菜还是日本菜?

Nǐ yào chī Zhōngguócài háishi Rìběncài?

What do you want to eat, Chinese food or Japanese food?

2. 大房间和小房间有什么区别?

Dà fángjiān hé xiǎo fángjiān yǒu shénme qūbié?

What is the difference between the big room and the small room?

When you want to know the difference between two seemingly similar things, you can ask like: "……hé……yǒu shénme qūbié?" Here are more examples:

❶ 这个和那个有什么区别?

Zhège hé nàge yǒu shénme qūbié?

What is the difference between this and that?

❷ 红茶和绿茶有什么区别？

Hóngchá hé lǜchá yǒu shénme qūbié?

What is the difference between black tea and green tea?

练习
Exercises

一、读一读 Read the following words and phrases.

卡拉OK	kǎlā OK	karaoke
大房间	dà fángjiān	big room
小房间	xiǎo fángjiān	small room
歌厅	gētīng	karaoke hall
包间	bāojiān	small room
词典	cídiǎn	dictionary
点歌单	diǎngēdān	songbook; list of songs
啤酒	píjiǔ	beer
果汁	guǒzhī	fruit juice
话筒	huàtǒng	microphone
遥控器	yáokòngqì	remote control
区别	qūbié	difference
你们这儿	nǐmen zhèr	here; in this place
我们那儿	wǒmen nàr	where we are; over there
英文歌曲	Yīngwén gēqǔ	English song
中文歌曲	Zhōngwén gēqǔ	Chinese song
法文歌曲	Fǎwén gēqǔ	French song
俄文歌曲	Éwén gēqǔ	Russian song

二、试一试 Substitution drills.

1. 你要<u>大房间</u>还是<u>小房间</u>？
Nǐ yào <u>dà fángjiān</u> háishi <u>xiǎo fángjiān</u>?

英语词典 Yīngyǔ cídiǎn	汉语词典 Hànyǔ cídiǎn
啤酒 píjiǔ	果汁 guǒzhī
去酒吧 qù jiǔbā	去歌厅 qù gētīng
唱中文歌 chàng Zhōngwén gē	唱英文歌 chàng Yīngwén gē

2. <u>大房间</u>和<u>小房间</u>有什么区别？
<u>Dà fángjiān</u> hé <u>xiǎo fángjiān</u> yǒu shénme qūbié?

这个话筒 Zhège huàtǒng	那个话筒 nàge huàtǒng
三号包间 Sān hào bāojiān	四号包间 sì hào bāojiān
这个遥控器 Zhège yáokòngqì	那个遥控器 nàge yáokòngqì
这辆车 Zhè liàng chē	那辆车 nà liàng chē

三、能力训练 Practice your Chinese.

1. 你问朋友，喝茶还是喝咖啡？
Nǐ wèn péngyou, hē chá háishi hē kāfēi?
Ask your friend if he would like to have tea or coffee.

2. 如果你想知道事物A和B有什么不同，应该怎么问？

Rúguǒ nǐ xiǎng zhīdào shìwù A hé B yǒu shénme bù tóng, yīnggāi zěnme wèn?

What would you say if you want to know the difference between A and B?

35 Lesson 35

上网

Shàng Wǎng

Surfing the Internet

你知道吗？
Do you know?

Nowadays in China, it is convenient to surf the Internet. In most circumstances, you can get a broadband Internet service either at home or in hotels, and at some places wireless Internet access is provided. There are also lots of net bars in every city, charging several Chinese *yuan* for one hour.

生词
Vocabulary

❶	电脑	diànnǎo	*n.*	computer
❷	互联网	hùliánwǎng	*n.*	Internet
❸	上网	shàng wǎng	*v.*	get on the Internet, surf the Internet
❹	聊天	liáo tiān	*v.*	chat
❺	资料	zīliào	*n.*	information; data
❻	地址	dìzhǐ	*n.*	address
❼	电子邮件	diànzǐ yóujiàn	*np.*	electronic mail (e-mail)

句型
Sentence Patterns

❶ 你可以把你的……给我吗？
Nǐ kěyǐ bǎ nǐ de ……gěi wǒ ma?

❷ 我们以后用……联系吧！
Wǒmen yǐhòu yòng ……liánxì ba!

情景会话
Situational Conversations

[Two former classmates happen to meet each other on the street.]

男士：最近你在做些什么？
Zuìjìn nǐ zài zuò xiē shénme?
What have you been doing lately?

女士：我家买了台电脑。我每天在家里上互联网。

Wǒ jiā mǎile tái diànnǎo. Wǒ měi tiān zài jiāli shàng hùliánwǎng.

My family has bought a computer. I surf the Internet every day.

男士：上网聊天吗？

Shàng wǎng liáo tiān ma?

Do you chat online?

女士：不，主要是看一些资料。

Bù, zhǔyào shì kàn yìxiē zīliào.

No. I mainly use it to get some information.

男士：你可以把你的e-mail地址给我吗？

Nǐ kěyǐ bǎ nǐ de e-mail dìzhǐ gěi wǒ ma?

Can you give me your e-mail address?

女士：当然。

Dāngrán.

Certainly.

男士：我可以给你发电子邮件。

Wǒ kěyǐ gěi nǐ fā diànzǐ yóujiàn.

I can send you e-mail.

女士：我的e-mail地址是lihong@edu.com。

Wǒ de e-mail dìzhǐ shì lihong@edu.com.

My e-mail address is lihong@edu.com.

男士：谢谢。我们以后用e-mail联系吧。

Xièxie. Wǒmen yǐhòu yòng e-mail liánxì ba.

Thanks. Let's keep in touch by e-mail later on.

女士：没问题。

Méi wèntí.

No problem.

常用表达法
Useful Phrases and Expressions

1. 你可以把你的e-mail地址给我吗？
Nǐ kěyǐ bǎ nǐde e-mail dìzhǐ gěi wǒ ma?
Can you give me your e-mail address?

Computers are becoming more and more popular in China. It is fairly simple nowadays to just use common Internet terms in English when speaking to Chinese people, as they tend to be familiar with words like Internet, e-mail, etc. When you want to know a person's e-mail address, a question like this can be asked: "Nǐ kěyǐ bǎ nǐ de e-mail dìzhǐ gěi wǒ ma?" For other addresses, you can say the following:

❶ 你可以把你家的地址给我吗？
Nǐ kěyǐ bǎ nǐ jiā de dìzhǐ gěi wǒ ma?
Can you give me your home address?

❷ 你可以把你的通讯地址给我吗？
Nǐ kěyǐ bǎ nǐ de tōngxùn dìzhǐ gěi wǒ ma?
Can you give me your mailing address?

2. 我们以后用e-mail联系吧。
Wǒmen yǐhòu yòng e-mail liánxì ba.
Let's keep in touch by e-mail later on.

After getting your friend's e-mail address, you may suggest that he/she communicate with you via e-mail by saying: "Wǒmen yǐhòu yòng e-mail liánxì ba!" The following are more examples:

❶ 我们以后用电话联系吧！
Wǒmen yǐhòu yòng diànhuà liánxì ba!
Let's keep in touch by phone later on!

❷ 我们以后写信联系吧！

Wǒmen yǐhòu xiě xìn liánxì ba!

Let's keep in touch by writing letters later on!

练习
Exercises

一、读一读 Read the following words and phrases.

住宅地址	zhùzhái dìzhǐ	home address
学校地址	xuéxiào dìzhǐ	school address
单位地址	dānwèi dìzhǐ	work address
通讯地址	tōngxùn dìzhǐ	mailing address
电子邮件地址	diànzǐ yóujiàn dìzhǐ	e-mail address
网址	wǎngzhǐ	website
信件联系	xìnjiàn liánxì	contact by letters
电话联系	diànhuà liánxì	contact via telephone
发送传真	fāsòng chuánzhēn	send facsimile; fax

二、试一试 Substitution drills.

1. 你可以把你的e-mail地址给我吗？
Nǐ kěyǐ bǎ nǐ de e-mail dìzhǐ gěi wǒ ma?

你新家的地址
nǐ xīn jiā de dìzhǐ

你们公司的通讯地址
nǐmen gōngsī de tōngxùn dìzhǐ

你的手机号码
nǐ de shǒujī hàomǎ

你单位的网址
nǐ dānwèi de wǎngzhǐ

2. 我们以后用e-mail联系吧！

Wǒmen yǐhòu yòng e-mail liánxì ba!

打电话
dǎ diànhuà

写信
xiě xìn

发传真
fā chuánzhēn

用手机
yòng shǒujī

三、能力训练 Practice your Chinese.

1. 如何向你的朋友询问通讯地址、电话号码等？

Rúhé xiàng nǐ de péngyou xúnwèn tōngxùn dìzhǐ、diànhuà hàomǎ děng?

How do you ask your friend for his/her mailing address and phone number?

2. 你平时怎么和朋友联系？介绍一下你的联系方式。

Nǐ píngshí zěnme hé péngyou liánxì? Jièshào yíxià nǐ de liánxì fāngshì.

How do you usually contact your friends? Talk about your contact information.

36 Lesson 36

去酒吧

Qù Jiǔbā

Going to a Bar

你知道吗？
Do you know?

Bars are now very common in the cities of China. There are some well-known places for bars, such as the "Bar Street" near Houhai Lake in Beijing and "Xintiandi Bar Street" in Shanghai. Bars vary in styles and grades, catering to people of different professions, ages and strata. You can choose whichever you like best. Some bars have bands and singers performing at a fixed time.

生词 Vocabulary

❶ 酒吧	jiǔbā	*n.*	bar
❷ 牌子	páizi	*n.*	brand; trademark
❸ 白兰地	báilándì	*n.*	brandy
❹ 威士忌	wēishìjì	*n.*	whiskey
❺ 果盘	guǒpán	*n.*	fruit bowl
❻ 玉米花	yùmǐhuā	*n.*	popcorn

句型 Sentence Patterns

❶ 你们这儿有什么牌子的……?
Nǐmen zhèr yǒu shénme páizi de……?

❷ 我要……，再要……
Wǒ yào……, zài yào……

情景会话 Situational Conversations

[A man is visiting a bar.]

服务员：先生，您好。您喝点儿什么？
Xiānsheng, nín hǎo. Nín hē diǎnr shénme?
Good evening, sir. What would you like to drink?

男　士：你们这儿有什么牌子的啤酒？

Nǐmen zhèr yǒu shénme páizi de píjiǔ?

What brands of beer do you have here?

服务员：中国的、日本的都有，还有白兰地、威士忌。这是酒单，请您看一下。

Zhōngguó de、Rìběn de dōu yǒu, háiyǒu báilándì, wēishìjì. Zhè shì jiǔdān, qǐng nín kàn yíxià.

We have Chinese and Japanese beers. We also have brandy and whisky. Here is a drink list. Please have a look.

男　士：我要一瓶青岛啤酒，再要一个果盘。

Wǒ yào yì píng Qīngdǎo Píjiǔ, zài yào yí ge guǒpán.

Let me have a bottle of Qingdao beer and also a bowl of fruit.

服务员：还要别的东西吗？我们的玉米花很好吃。

Hái yào bié de dōngxi ma? Wǒmen de yùmǐhuā hěn hǎochī.

Anything else? Our popcorn is quite delicious.

男　士：不要了。要的时候，我叫你。

Bú yào le. Yào de shíhou, wǒ jiào nǐ.

No. If I need anything else, I'll call you.

服务员：好的，请您稍等。

Hǎo de, qǐng nín shāo děng.

All right. Please wait a moment.

常用表达法
Useful Phrases and Expressions

1. 你们这儿有什么牌子的啤酒？

Nǐmen zhèr yǒu shénme páizi de píjiǔ?

What brands of beer do you have here?

In major cities like Beijing, Shanghai, Guangzhou, etc., there are a number of bars. If you are free in the evening, you may want to visit a bar with friends to have some drink. In a bar, we may ask a bartender about the brands of beer available like: "Nǐmen zhèr yǒu shénme páizi de píjiǔ?" Here are more examples of asking for brands of something:

❶ 你们这儿有什么牌子的牛奶?

Nǐmen zhèr yǒu shénme páizi de niúnǎi?

What brands of milk do you have here?

❷ 你们这儿有什么牌子的手表?

Nǐmen zhèr yǒu shénme páizi de shǒubiǎo?

What brands of watches do you have here?

2. 我要一瓶青岛啤酒，再要一个果盘。

Wǒ yào yì píng Qīngdǎo Píjiǔ, zài yào yí ge guǒpán.

I want a bottle of Qingdao beer and also a bowl of fruit.

We can casually tell a waiter a couple of things that we want to order by saying: "Wǒ yào……, zài yào……" You can also ask for some commodities in a supermarket or in a shop with this structure:

❶ 我要一个面包，再要一瓶牛奶。

Wǒ yào yí ge miànbāo, zài yào yì píng niúnǎi.

I want a piece of bread and a bottle of milk.

❷ 我要一个本子，再要一支笔。

Wǒ yào yí ge běnzi, zài yào yì zhī bǐ.

I want a notebook and a pen.

练习 Exercises

一、读一读 Read the following words and phrases.

中国酒	Zhōngguójiǔ	Chinese alcohol drink; Chinese wine
洋酒	yángjiǔ	foreign wine
葡萄酒	pútaojiǔ	wine
啤酒	píjiǔ	beer
白酒	báijiǔ	spirit; liquor
茅台酒	Máotái Jiǔ	Maotai
威士忌	wēishìjì	whiskey
白兰地	báilándì	brandy
杜松子酒	dùsōngzǐjiǔ	gin
伏特加	fútèjiā	vodka
苦艾酒	kǔ'àijiǔ	absinth
龙舌兰酒	lóngshélánjiǔ	pulque
干邑	gānyì	cognac
果汁	guǒzhī	juice
橙汁	chéngzhī	orange juice
果盘	guǒpán	a bowl of assorted fruit
干果	gānguǒ	dried fruits
巧克力	qiǎokèlì	chocolate
爆米花	bàomǐhuā	popcorn

二、试一试 Substitution drills.

1. 你们这儿有什么牌子的<u>啤酒</u>?
   Nǐmen zhèr yǒu shénme páizi de <u>píjiǔ</u>?

   洋酒
   yángjiǔ

手机
shǒujī

皮带
pídài

西服
xīfú

2. 我要一瓶青岛啤酒，再要一个果盘。
Wǒ yào yì píng Qīngdǎo Píjiǔ, zài yào yí ge guǒpán.

一杯橙汁 yì bēi chéngzhī	一盒爆米花 yì hé bàomǐhuā
一杯威士忌 yì bēi wēishìjì	一盘干果 yì pán gānguǒ
一个本子 yí ge běnzi	一支笔 yì zhī bǐ
一条皮带 yì tiáo pídài	一条领带 yì tiáo lǐngdài

三、能力训练 Practice your Chinese.

1. 问一下你的朋友，他想喝点儿什么？
Wèn yíxià nǐ de péngyou, tā xiǎng hē diǎnr shénme?
Ask your friend what he wants to drink.

2. 告诉酒吧的服务员，你想要一杯德国黑啤酒，再为你的朋友要一杯橙汁。
Gàosu jiǔbā de fúwùyuán, nǐ xiǎng yào yì bēi Déguó hēi píjiǔ, zài wèi nǐ de péngyou yào yì bēi chéngzhī.
Tell the bartender you want a glass of German dark beer and your friend wants a glass of orange juice.

37 Lesson 37

交朋友

Jiāo Péngyou

Making Friends

你知道吗?

Do you know?

Chinese people are hospitable and eager to make new friends. It is to be noted that Chinese people believe talking about topics like age, income, family background and love life, which Westerners take as privacies, can enhance understanding and friendship. Therefore, when you are asked such a question, please don't be offended. If you don't want to answer it, fine; just tell him/her it's your privacy and he/she will be polite enough not to mention it again.

生词 Vocabulary

❶ 交（朋友）	jiāo (péngyou)	*v.*	make (friends); associate with
❷ 展览	zhǎnlǎn	*v.*	exhibit; show
❸ 图书馆	túshūguǎn	*n.*	library
❹ 毕业	bì yè	*v.*	graduate; finish school
❺ 名片	míngpiàn	*n.*	name card; business card

句型 Sentence Patterns

❶ 你好，我叫……，在……工作。你呢？
Nǐ hǎo, wǒ jiào……, zài……gōngzuò. Nǐ ne?

❷ 你和……是怎么认识的？
Nǐ hé……shì zěnme rènshi de?

❸ ……以后，我……
……yǐhòu, wǒ……

情景会话 Situational Conversations

[A girl meets some new friends at Ali's birthday party.]

李　南：你好，我叫李南，在展览公司工作。你呢？
Nǐ hǎo, wǒ jiào Lǐ Nán, zài zhǎnlǎn gōngsī gōngzuò. Nǐ ne?
Hello. My name is Li Nan. I work in an exhibition company. How about you?

魏淑丽：我叫魏淑丽，在阿里他们大学的图书馆工作。

Wǒ jiào Wèi Shūlì, zài Ālǐ tāmen dàxué de túshūguǎn gōngzuò.

My name is Wei Shuli. I work at the library of the university where Ali studies.

李　南：你和阿里是怎么认识的？

Nǐ hé Ālǐ shì zěnme rènshi de?

How did you get to know Ali?

魏淑丽：我常帮他借书。你们呢，怎么认识的？

Wǒ cháng bāng tā jiè shū. Nǐmen ne, zěnme rènshi de?

I often help him borrow books. How about you? How did you get to know him?

李　南：阿里刚来北京的时候，我是他的汉语老师。

Ālǐ gāng lái Běijīng de shíhou, wǒ shì tā de Hànyǔ lǎoshī.

When Ali first arrived in Beijing, I was his Chinese teacher.

魏淑丽：你是北京人吗？

Nǐ shì Běijīngrén ma?

Are you a Beijinger?

李　南：我是上海人，大学毕业以后，我来北京工作。这是我的名片。

Wǒ shì Shànghǎirén, dàxué bì yè yǐhòu, wǒ lái Běijīng gōngzuò. Zhè shì wǒ de míngpiàn.

I am Shanghainese. I came to Beijing to work after I graduated from university. This is my name card.

魏淑丽：谢谢，我没有带名片，一会儿我给你留一个电话号码吧。

Xièxie, wǒ méiyǒu dài míngpiàn, yíhuìr wǒ gěi nǐ liú yí ge diànhuà hàomǎ ba.

Thank you. I didn't bring my name card with me. I will write down my phone number for you in a moment.

李　南：谢谢！

Xièxie!

Thank you!

常用表达法
Useful Phrases and Expressions

1. 你好，我叫李南，在展览公司工作。你呢？

Nǐ hǎo, wǒ jiào Lǐ Nán, zài zhǎnlǎn gōngsī gōngzuò. Nǐ ne?

Hello. My name is Li Nan. I work in an exhibition company. How about you?

Each year millions of people all over the world come to China to work, to study or to travel. Perhaps you are one of them. You will meet many people, and some of them might become your friends. When getting to know a new friend, you may start with an introduction like: "Nǐ hǎo, wǒ jiào……, zài……gōngzuò. Nǐ ne?" Now the following are more examples:

❶ 你好，我叫三木，在计算机公司工作。你呢？

Nǐ hǎo, wǒ jiào Sānmù, zài jìsuànjī gōngsī gōngzuò. Nǐ ne?

Hello. My name is Sanmu. I work in a computer company. How about you?

❷ 你好，我叫李卫，在IBM工作。你呢？

Nǐ hǎo, wǒ jiào Lǐ Wèi, zài IBM gōngzuò. Nǐ ne?

Hello. My name is Li Wei. I work at IBM. How about you?

2. 你和阿里是怎么认识的？

Nǐ hé Ālǐ shì zěnme rènshi de?

How did you get to know Ali?

If you want to know how the relationship between your friends started, you may ask like this: "Nǐ hé……shì zěnme rènshi de?" Here are more examples:

❶ 你和三木是怎么认识的？

Nǐ hé Sānmù shì zěnme rènshi de?

How did you get to know Sanmu?

❷ 你和李老师是怎么认识的？

Nǐ hé Lǐ lǎoshī shì zěnme rènshi de?

How did you get to know Mr./Ms. Li?

3. 大学毕业以后，我来北京工作。

Dàxué bì yè yǐhòu, wǒ lái Běijīng gōngzuò.

I came to Beijing to work after I graduated from university.

During a casual talk with a friend, you may exchange some experiences with him/her. You may say: "Dàxué bì yè yǐhòu, wǒ lái Běijīng gōngzuò." Here are more examples:

❶ 2000年以后，我到上海学习。

Èr líng líng líng nián yǐhòu, wǒ dào Shànghǎi xuéxí.

Since the year 2000 I have been studying in Shanghai.

❷ 1997年以后，我居住在香港。

Yī jiǔ jiǔ qī nián yǐhòu, wǒ jūzhù zài Xiānggǎng.

I have been living in Hong Kong since 1997.

练习
Exercises

一、读一读 Read the following words and phrases.

展览公司	zhǎnlǎn gōngsī	exhibition company
计算机公司	jìsuànjī gōngsī	computer company
房地产公司	fángdìchǎn gōngsī	real estate company
贸易公司	màoyì gōngsī	trading company

中介公司	zhōngjiè gōngsī	intermediary company
图书馆	túshūguǎn	library
展览馆	zhǎnlǎnguǎn	exhibition center
天文馆	tiānwénguǎn	planetarium
博物馆	bówùguǎn	museum
北京人	Běijīngrén	Beijinger; Beijing people
上海人	Shànghǎirén	Shanghainese; Shanghai people
美国人	Měiguórén	American
法国人	Fǎguórén	French
西班牙人	Xībānyárén	Spanish; Spaniard
小学	xiǎoxué	elementary school
初中	chūzhōng	junior high school
高中	gāozhōng	high school
大学	dàxué	university, college
硕士	shuòshì	master
博士	bóshì	doctor

二、试一试 Substitution drills.

1. 我叫李南，在展览公司工作。
   Wǒ jiào Lǐ Nán, zài zhǎnlǎn gōngsī gōngzuò.

王力 Wáng Lì	博物馆 bówùguǎn
赵明 Zhào Míng	贸易公司 màoyì gōngsī
张平 Zhāng Píng	饭店 fàndiàn

魏淑丽 Wèi Shūlì	北京大学图书馆 Běijīng Dàxué Túshūguǎn

2. 大学毕业以后，我来北京工作。
Dàxué bì yè yǐhòu, wǒ lái Běijīng gōngzuò.

从美国回来 Cóng Měiguó huílai	来上海 lái Shànghǎi
中学毕业 Zhōngxué bì yè	来这个公司 lái zhège gōngsī
博士毕业 Bóshì bì yè	在香港 zài Xiānggǎng
去广州 Qù Guǎngzhōu	在一家房地产公司 zài yì jiā fángdìchǎn gōngsī

三、能力训练 Practice your Chinese.

1. 请练习作一次自我介绍。
Qǐng liànxí zuò yí cì zìwǒ jièshào.
Please make a self-introduction.

2. 问一下你的朋友，他（她）和他（她）的妻子（丈夫）是怎么认识的？
Wèn yíxià nǐ de péngyou, tā(tā) hé tā(tā) de qīzi(zhàngfu) shì zěnme rènshi de?
Ask your friend how he /she got to know his wife /her husband.

Lesson 38

38

祝贺

Zhùhè

Extending Congratulations

你知道吗?

Do you know?

In Chinese tradition, wedding, having a newborn baby, moving house and entering college are all happy events that are worth celebrating. Guests invited would normally bring some presents, including cash gifts, to congratulate the host.

生词 Vocabulary

1	祝	zhù	*v.*	express good wishes; wish
2	随便	suíbiàn	*adj.*	do as one pleases
3	搬家	bān jiā	*v.*	move (house); remove
4	表示	biǎoshì	*v.*	show; express; indicate
5	祝贺	zhùhè	*v.*	congratulate
6	参观	cānguān	*v.*	visit; have a look around

句型 Sentence Patterns

1. 祝你……！
   Zhù nǐ……！

2. 对于您的……，我表示祝贺。
   Duìyú nín de……, wǒ biǎoshì zhùhè.

3. 请你……，不要客气。
   Qǐng nǐ……, búyào kèqi.

情景会话 Situational Conversations

I

[A man is wishing his friend, Mike, a happy birthday.]

男士：你好！老朋友，祝你生日快乐！
Nǐ hǎo! Lǎo péngyou, zhù nǐ shēngrì kuàilè!
Hello, my old friend. Happy birthday to you!

麦克：谢谢！请你随便吃，随便喝，不用客气。

Xièxie! Qǐng nǐ suíbiàn chī, suíbiàn hē, búyòng kèqi.

Thank you! Please enjoy the food and drink. Make yourself at home.

男士：谢谢，我知道了。

Xièxie, wǒ zhīdào le.

Thank you. I surely will.

II

[Li Fang's friend has just moved into a new apartment, so he wants to congratulate his friend.]

女士：欢迎欢迎！

Huānyíng huānyíng!

Welcome, welcome!

李方：对于您的搬家，我表示祝贺。

Duìyú nín de bān jiā, wǒ biǎoshì zhùhè.

Congratulations on your new home.

女士：谢谢！谢谢！

Xièxie! Xièxie!

Thank you very much!

李方：我能参观一下您的房子吗？

Wǒ néng cānguān yíxià nín de fángzi ma?

May I have a look at your place?

女士：当然可以。请你跟我来。请进！

Dāngrán kěyǐ. Qǐng nǐ gēn wǒ lái. Qǐng jìn!

Of course, you may. Please follow me. Come in!

常用表达法
Useful Phrases and Expressions

1. 祝你生日快乐！

Zhù nǐ shēngrì kuàilè!

Happy birthday to you!

We will sometimes attend a party such as a graduation party, new house party, birthday party, etc., held by our friends. We normally congratulate our friends by saying either "Zhù nǐ……!" or "Duìyú nǐ de……, wǒ biǎoshì zhùhè!" For instance, when a friend is having his birthday party, you can say: "Zhù nǐ shēngrì kuàilè!" Here are more examples:

❶ 祝你一路平安！

Zhù nǐ yí lù píng'ān!

I wish you a pleasant trip!

❷ 祝你一切顺利！

Zhù nǐ yíqiè shùnlì!

Wish you all success!

2. 对于您的搬家，我表示祝贺。

Duìyú nín de bān jiā, wǒ biǎoshì zhùhè.

Congratulations on your new home.

The above sentence is used to congratulate someone on a special occasion such as receiving good news, moving into a new house, getting a promotion, being admitted to an university, etc. Here are more examples:

❶ 对于您的成功，我表示祝贺。

Duìyú nín de chénggōng, wǒ biǎoshì zhùhè.

Congratulations on your success.

❷ 对于你二十岁的生日，我表示祝贺。

Duìyú nǐ èrshí suì de shēngrì, wǒ biǎoshì zhùhè.

Congratulations on your twentieth birthday.

3. 请你随便吃，随便喝，不用客气。

Qǐng nǐ suíbiàn chī, suíbiàn hē, bú yòng kèqi.

Please enjoy the food and drink. Make yourself at home.

If you are the host of a party and you want your guests to enjoy having foods and drink like they do at home, you will say: "Qǐng nǐ suíbiàn chī, suíbiàn hē, búyòng kèqi." "Suíbiàn" here means "to behave casually and informally". Here are more examples:

❶ 请随便看，不用客气。

Qǐng suíbiàn kàn, búyòng kèqi.

Please look around freely. Make yourself at home.

❷ 请随便玩儿，不用客气。

Qǐng suíbiàn wánr, búyòng kèqi.

Please enjoy yourself. Make yourself comfortable.

练习
Exercises

一、读一读 Read the following words and phrases.

生日快乐	shēngrì kuàilè	happy birthday
新婚快乐	xīnhūn kuàilè	happy wedding
一路平安	yí lù píng'ān	have a safe trip
一切顺利	yíqiè shùnlì	everything goes smoothly
学业进步	xuéyè jìnbù	make progress in study
事业发达	shìyè fādá	prosperity in your undertaking
圣诞快乐	Shèngdàn kuàilè	merry Christmas

新年快乐	xīnnián kuàilè	happy New Year
万事如意	wànshì rúyì	fulfill anything that one desires
旅途愉快	lǚtú yúkuài	have a pleasant trip
随便吃	suíbiàn chī	eat as much as you like
随便看	suíbiàn kàn	look around freely
随便玩儿	suíbiàn wánr	enjoy yourself
随便挑	suíbiàn tiāo	choose whatever you like
随便买	suíbiàn mǎi	buy whatever you like
成功	chénggōng	succeed; success
升职	shēng zhí	promote; promotion
乔迁	qiáoqiān	move to a new house
成绩	chéngjì	achievement

二、试一试 Substitution drills.

1. 祝你<u>生日快乐</u>！
   Zhù nǐ <u>shēngrì kuàilè</u>!

   新年快乐
   xīnnián kuàilè

   工作顺利
   gōngzuò shùnlì

   旅途愉快
   lǚtú yúkuài

   万事如意
   wànshì rúyì

2. 对您的<u>搬家</u>，我表示祝贺。
   Duì nín de <u>bān jiā</u>, wǒ biǎoshì zhùhè.

   成功
   chénggōng

生日
shēngrì

毕业
bì yè

升职
shēng zhí

3. 请随便吃，不用客气。
Qǐng suíbiàn chī, búyòng kèqi.

看
kàn

玩儿
wánr

用
yòng

挑
tiāo

三、能力训练 Practice your Chinese.

1. 你的朋友过生日、毕业、搬家时，你怎么表示祝贺？

   Nǐ de péngyou guò shēngrì、bì yè、bān jiā shí, nǐ zěnme biǎoshì zhùhè?

   What would you say to express your congratulations when your friend celebrates his/her birthday, graduation from school or moving?

2. 你的朋友来你家做客，你请他们不要客气，怎么说？

   Nǐ de péngyou lái nǐ jiā zuò kè, nǐ qǐng tāmen búyào kèqi, zěnme shuō?

   Your friends come to your place to have dinner. How would you say "help yourself" in Chinese?

39 Lesson 39

约会

Yuēhuì

Getting Together

你知道吗？

Do you know?

In China, "请客" (literally "to invite a guest") means "to treat someone", indicating that the inviter will pay all the bill. Nowadays, it is a fashion among young people to go Dutch or take turns to stand treat. When friends get together to have dinner, they order for themselves but share the food together. All they want is fun and joy.

生词 Vocabulary

❶ 门口	ménkǒu	*n.*	entrance; doorway
❷ 见	jiàn	*v.*	see; meet with; catch sight of
❸ 散	sàn	*v.*	break up; disperse
❹ 不见不散	bú jiàn bú sàn	*IE.*	(let's) not leave without seeing each other

句型 Sentence Patterns

❶ 星期六晚上，我想请你……

Xīngqīliù wǎnshang, wǒ xiǎng qǐng nǐ……

❷ ……，我们不见不散。

……, wǒmen bú jiàn bú sàn.

情景会话 Situational Conversations

[Here, a man asks his friend to dinner at the Great Wall Hotel.]

男士：你好，这几天，你忙吗？

Nǐ hǎo, zhè jǐ tiān, nǐ máng ma?

Hello. Are you going to be busy over next few days?

女士：有一点儿忙。

Yǒu yìdiǎnr máng.

A bit busy.

男士：星期六晚上，你有空儿吗？

Xīngqīliù wǎnshang, nǐ yǒu kòngr ma?

Will you be free on Saturday evening?

女士：有什么事？

Yǒu shénme shì?

What's going on?

男士：这个星期六晚上，我想请你吃饭。

Zhège xīngqīliù wǎnshang, wǒ xiǎng qǐng nǐ chī fàn.

I'd like to invite you to dinner on this Saturday evening.

女士：都有谁参加？

Dōu yǒu shéi cānjiā?

Who else will join in?

男士：我、你、阿里和三木，一共四个人。

Wǒ、nǐ、Ālǐ hé Sānmù, yígòng sì ge rén.

You, Ali, Sanmu and me. All together four people.

女士：好，没有问题。阿里不吃中国菜，你知道吗？

Hǎo, méiyǒu wèntí. Ālǐ bù chī Zhōngguócài, nǐ zhīdào ma?

Ok, no problem. Do you know that Ali doesn't like Chinese food?

男士：知道。星期六晚上6:00，在长城饭店门口见，我们不见不散。

Zhīdào. Xīngqīliù wǎnshang liù diǎn, zài Chángchéng Fàndiàn ménkǒu jiàn, wǒmen bú jiàn bú sàn.

Yes, I do. We will meet at the entrance of the Great Wall Hotel at 6 o'clock on Saturday evening. Let's not leave without seeing each other.

女士：好，不见不散。

Hǎo, bú jiàn bú sàn.

All right, see you then.

常用表达法
Useful Phrases and Expressions

1. 这个星期六晚上，我想请你吃饭。
Zhège xīngqīliù wǎnshang, wǒ xiǎng qǐng nǐ chī fàn.
I'd like to invite you to dinner on this Saturday evening.

Have you ever invited your friend to dinner? Usually, we make an invitation in advance, perhaps two days ahead of time. When making the invitation, you may say: "Zhège xīngqīliù wǎnshang, wǒ xiǎng qǐng nǐ ……" Here are more useful examples:

❶ 这个星期五晚上，我想请你看电影。
Zhège xīngqīwǔ wǎnshang, wǒ xiǎng qǐng nǐ kàn diànyǐng.
I wish to invite you to a movie on this Friday evening.

❷ 下个星期六晚上，我想请你喝咖啡。
Xià ge xīngqīliù wǎnshang, wǒ xiǎng qǐng nǐ hē kāfēi.
I would like to invite you to have coffee with me on next Saturday evening.

2. 星期六晚上6:00，在长城饭店门口见，我们不见不散。
Xīngqīliù wǎnshang liù diǎn, zài Chángchéng Fàndiàn ménkǒu jiàn, wǒmen bú jiàn bú sàn.
We will meet at the entrance of the Great Wall Hotel at six o'clock on Saturday evening. Let's not leave without seeing each other.

Your friends have been told where and when to meet. However, if you are afraid that you might not arrive on time, you can ask your friends to be sure to wait for you. In Chinese, we say "bú jiàn bú sàn". Here are more examples:

❶ 明天早上8:00，在公司门口，我们不见不散。

Míngtiān zǎoshang bā diǎn, zài gōngsī ménkǒu, wǒmen bú jiàn bú sàn.

We will meet at the company's entrance at 8 o'clock tomorrow morning. Be sure to wait there until we see each other.

❷ 星期一下午3:00，在商场门口，我们不见不散。

Xīngqīyī xiàwǔ sān diǎn, zài shāngchǎng ménkǒu, wǒmen bú jiàn bú sàn.

We will meet at the entrance of the department store at 3 o'clock on Monday afternoon. Be sure to wait until everyone's arrived.

练习
Exercises

一、读一读 Read the following words and phrases.

星期六晚上	xīngqīliù wǎnshang	Saturday night
明天下午	míngtiān xiàwǔ	tomorrow afternoon
今天晚上	jīntiān wǎnshang	tonight
星期一中午	xīngqīyī zhōngwǔ	Monday noon
长城饭店	Chángchéng Fàndiàn	the Great Wall Hotel
公司大厅	gōngsī dàtīng	lodge of the company
学校餐厅	xuéxiào cāntīng	school's canteen
商场门口	shāngchǎng ménkǒu	department store's entrance
公园南门	gōngyuán nánmén	the south gate of the park
不见不散	bú jiàn bú sàn	not leave without seeing each other
中国菜	Zhōngguócài	Chinese food
法国菜	Fǎguócài	French food

日本料理	Rìběn liàolǐ	Japanese food
自助餐	zìzhùcān	buffet

二、试一试 Substitution drills.

1. 星期六晚上，我想请你<u>吃饭</u>。
   Xīngqīliù wǎnshang, wǒ xiǎng qǐng nǐ <u>chī fàn</u>.

   去跳舞
   qù tiào wǔ

   喝咖啡
   hē kāfēi

   去参加一个聚会
   qù cānjiā yí ge jùhuì

   去唱卡拉OK
   qù chàng kǎlā OK

2. <u>星期六晚上6:00</u>，在<u>长城饭店门口</u>见，我们不见不散。
   <u>Xīngqīliù wǎnshang liù diǎn</u>, zài <u>Chángchéng Fàndiàn ménkǒu</u> jiàn, wǒmen bú jiàn bú sàn.

明天晚上8:00 Míngtiān wǎnshang bā diǎn	公司门口 gōngsī ménkǒu
星期一下午3:00 Xīngqīyī xiàwǔ sān diǎn	商场门口 shāngchǎng ménkǒu
后天早上9:00 Hòutiān zǎoshang jiǔ diǎn	公园南门 gōngyuán nánmén
这星期五下午4:00 Zhè xīngqīwǔ xiàwǔ sì diǎn	你家楼下 nǐ jiā lóuxià

三、能力训练 Practice your Chinese.

1. 你邀请你的朋友这个星期六晚上去酒吧喝一杯。

   Nǐ yāoqǐng nǐ de péngyou zhège xīngqīliù wǎnshang qù jiǔbā hē yì bēi.

   Invite a friend of yours to have a drink in the bar this Saturday evening.

2. 你告诉你的朋友，到约会的时间，你一定去。中国人常说什么？

   Nǐ gàosu nǐ de péngyou, dào yuēhuì de shíjiān, nǐ yídìng qù. Zhōngguórén cháng shuō shénme?

   What would Chinese people usually say when they tell their friend they will definitely be there on time?

过节

Guò Jié

Celebrating a Festival

你知道吗?
Do you know?

Spring Festival and Mid-autumn Day, specified in the Chinese lunar calendar, are the most significant Chinese traditional festivals, attaching much importance to family reunion. Nowadays, some Western festivals, such as Valentine's Day, Christmas, and Mother's Day are becoming more and more popular in China, especially among young people, who celebrate these festivals in the Western ways. The Labor Day on May 1st and the National Day on October 1st are another two major holidays in China.

生词 Vocabulary

❶ 过节	guò jié	*v.*	celebrate a festival
❷ 重要	zhòngyào	*adj.*	important; significant; major
❸ 像	xiàng	*v.*	be like; seem
❹ 圣诞节	Shèngdàn Jié	*pn.*	Christmas
❺ 假期	jiàqī	*n.*	vacation; holiday; period of leave
❻ 国庆节	Guóqìng Jié	*pn.*	National Day

句型 Sentence Patterns

❶ ……就是中国的……节。

……jiù shì Zhōngguó de……jié.

❷ 谢谢你，……

Xièxie nǐ, ……

情景会话 Situational Conversations

[Two persons are talking about festivals.]

男士：这几天，你常常买东西。

Zhè jǐ tiān, nǐ chángcháng mǎi dōngxi.

You've been doing a lot of shopping recently.

女士：对，下星期二就是中国的春节，我要买很多东西。

Duì, xià xīngqī'èr jiù shì Zhōngguó de Chūn Jié, wǒ yào mǎi hěn duō dōngxi.

Yes. Next Tuesday is China's Spring Festival. I have many things to buy.

男士：中国最重要的节日是什么节？

Zhōngguó zuì zhòngyào de jiérì shì shénme jié?

What is the most important festival in China?

女士：春节。就像西方的圣诞节。假期很长，有7天左右。

Chūn Jié. Jiù xiàng xīfāng de Shèngdàn Jié. Jiàqī hěn cháng, yǒu qī tiān zuǒyòu.

Spring Festival. It's just like Christmas in the West. We have a long holiday during that time. It's about seven days.

男士：还有什么节比较重要？

Hái yǒu shénme jié bǐjiào zhòngyào?

Are there any other festivals that are rather important?

女士：中秋节，10月1日国庆节和5月1日劳动节。

Zhōngqiū Jié, shí yuè yī rì Guóqìng Jié hé wǔ yuè yī rì Láodòng Jié.

There are China's Mid-autumn Festival, National Day on October 1st, and Labor Day on May 1st.

男士：新年呢？

Xīnnián ne?

How about the New Year?

女士：常常只休假一天。

Chángcháng zhǐ xiū jià yì tiān.

We usually have just one day off.

男士：谢谢你，告诉我这么多。

Xièxie nǐ, gàosu wǒ zhème duō.

Thanks for telling me so much.

女士：不客气。

Bú kèqi.

You are welcome.

常用表达法 Useful Phrases and Expressions

1. 下星期二就是中国的春节。
Xià xīngqī'èr jiù shì Zhōngguó de Chūn Jié.
Next Tuesday is China's Spring Festival.

In China, we have several festivals. Some are traditional like Chinese Spring Festival, Mid-autumn Festival, etc. Some are international like Christmas, New Year's Day, etc. We all enjoy these festivals. We often remind others by saying: "Xià xīngqī'èr jiù shì Zhōngguó de Chūn Jié." Here are more examples:

❶ 明天就是中国的中秋节。

Míngtiān jiù shì Zhōngguó de Zhōngqiū Jié.

Tomorrow is China's Mid-autumn Festival.

❷ 星期日就是中国的国庆节。

Xīngqīrì jiù shì Zhōngguó de Guóqìng Jié.

This Sunday is China's National Day.

2. 谢谢你，告诉我这么多。
Xièxie nǐ, gàosu wǒ zhème duō.
Thank you for telling me so much.

How would you thank a friend who has told you many things about Chinese festivals and customs? You want to express your appreciation by saying something. Here is the Chinese way of saying that: "Xièxie nǐ, gàosu wǒ zhème duō." The following are more examples:

1. 谢谢你，帮助我这么多。
   Xièxie nǐ, bāngzhù wǒ zhème duō.
   Thank you for helping me so much.

2. 谢谢你，送给我孩子的礼物。
   Xièxie nǐ, sòng gěi wǒ háizi de lǐwù.
   Thank you for giving gifts to my child.

练习 Exercises

一、读一读 Read the following words and phrases.

圣诞节	Shèngdàn Jié	Christmas
国庆节	Guóqìng Jié	National Day
劳动节	Láodòng Jié	Labor Day
妇女节	Fùnǚ Jié	Women's Day
新年	xīnnián	New Year
中秋节	Zhōngqiū Jié	Mid-autumn Festival
春节	Chūn Jié	Spring Festival; Chinese New Year
元宵节	Yuánxiāo Jié	Lantern Festival
端午节	Duānwǔ Jié	Dragon Boat Festival
重阳节	Chóngyáng Jié	Double Ninth Festival (on 9th day of 9th month)
清明节	Qīngmíng Jié	Pure Brightness Day

情人节	Qíngrén Jié	Valentine's Day
母亲节	Mǔqīn Jié	Mother's Day
教师节	Jiàoshī Jié	Teacher's Day
月饼	yuèbing	mooncake
元宵	yuánxiāo	sweet dumplings made of glutinous rice flour

二、试一试 Substitution drills.

1. 下星期二是中国的春节。
   Xià xīngqī'èr shì Zhōngguó de Chūn Jié.

明天 Míngtiān	中国的中秋节 Zhōngguó de Zhōngqiū Jié
星期日 Xīngqīrì	中国的国庆节 Zhōngguó de Guóqìng Jié
9月10日 Jiǔ yuè shí rì	中国的教师节 Zhōngguó de Jiàoshī Jié
五月的第二个星期天 Wǔ yuè de dì'èr ge xīngqītiān	母亲节 Mǔqīn Jié

2. 谢谢你，告诉我这么多。
   Xièxie nǐ, gàosu wǒ zhème duō.

帮助我这么多
bāngzhù wǒ zhème duō

寄给我这么好吃的月饼
jì gěi wǒ zhème hǎochī de yuèbing

送给我孩子的礼物
sòng gěi wǒ háizi de lǐwù

邀请我和你们一起过春节
yāoqǐng wǒ hé nǐmen yìqǐ guò Chūn Jié

三、能力训练 Practice your Chinese.

1. 向中国朋友介绍一个西方的节日。
   Xiàng Zhōngguó péngyou jièshào yí ge xīfāng de jiérì.
   Tell a Chinese friend about a Western holiday.

2. 对朋友送给你的礼物，表示感谢。
   Duì péngyou sòng gěi nǐ de lǐwù, biǎoshì gǎnxiè.
   Express appreciation for the gift your friend has given to you.

词语索引

Index of Words and Phrases

Lesson	Chinese	*Pinyin*	Grammar Terms	English
36	白兰地	báilándì	*n.*	brandy
38	搬家	bān jiā	*v.*	move (house); remove
32	保龄球	bǎolíngqiú	*n.*	bowling
32	比较	bǐjiào	*adv.*	comparatively; fairly
37	毕业	bì yè	*v.*	graduate; finish school
38	表示	biǎoshì	*v.*	show; express; indicate
30	病	bìng	*v.*	be ill; be sick
30	病假	bìngjià	*n.*	sick leave
39	不见不散	bú jiàn bú sàn	*IE.*	(let's) not leave without seeing each other
38	参观	cānguān	*v.*	visit; have a look around
24	差	chà	*adj.*	not up to the standard; poor
34	唱	chàng	*v.*	sing
24	穿	chuān	*v.*	wear; put on; be dressed in
28	次	cì	*m.*	position in a series; occurrence; time
23	打折	dǎ zhé	*v.*	sell at a discount; on sale
31	带话	dài huà	*v.*	pass on a message

35	地址	dìzhǐ	*n.*	address
35	电脑	diànnǎo	*n.*	computer
25	电影	diànyǐng	*n.*	film; movie; motion picture
35	电子邮件	diànzǐ yóujiàn	*np.*	electronic mail (e-mail)
24	调查	diàochá	*v.*	investigate; survey
27	肚子	dùzi	*n.*	belly; abdomen
28	对面	duìmiàn	*n.*	opposite
31	告诉	gàosu	*v.*	tell; let know
34	歌曲	gēqǔ	*n.*	song
23	给	gěi	*v.*	give; let; allow
22	公斤	gōngjīn	*m.*	kilogram; kilo
26	挂号	guà hào	*v.*	register
23	贵	guì	*adj.*	expensive; costly; valuable
40	国庆节	Guóqìng Jié	*pn.*	National Day
36	果盘	guǒpán	*n.*	fruit bowl
40	过节	guò jié	*v.*	celebrate a festival
21	号码	hàomǎ	*n.*	size
24	合适	héshì	*adj.*	suitable; appropriate
33	合同	hétong	*n.*	contract
35	互联网	hùliánwǎng	*n.*	Internet
26	护士	hùshi	*n.*	nurse
26	急诊	jízhěn	*n.*	emergency call; emergency treatment
33	集合	jíhé	*v.*	gather; assemble; call together
23	夹克	jiākè	*n.*	jacket

40	假期	jiàqī	*n.*	vacation; holiday; period of leave
39	见	jiàn	*v.*	see; meet with; catch sight of
21	件	jiàn	*m.*	*measure word for clothes*
37	交（朋友）	jiāo (péngyou)	*v.*	make (friends); associate with
30	接	jiē	*v.*	receive; meet; welcome
22	斤	jīn	*m.*	*jin*, a traditional unit of weight, equaling 0.5 kilogram
36	酒吧	jiǔbā	*n.*	bar
34	卡拉OK	kǎlā OK	*n.*	karaoke
31	开会	kāi huì	*v.*	hold or attend a meeting
25	开演	kāiyǎn	*v.*	begin (of a play, movie)
29	康复	kāngfù	*v.*	recovered; restored to health
24	客房部	kèfángbù	*np.*	guest room department
27	拉肚子	lā dùzi	*vp.*	suffer from diarrhea; have loose bowels
29	脸色	liǎnsè	*n.*	facial expression; look; complexion
35	聊天	liáo tiān	*v.*	chat
23	领带	lǐngdài	*n.*	necktie; tie
33	旅行社	lǚxíngshè	*n.*	travel service; travel agency
33	旅行团/旅游团	lǚxíngtuán/lǚyóutuán	*np.*	tour group; touring party
39	门口	ménkǒu	*n.*	entrance; doorway

37	名片	míngpiàn	*n.*	name card; business card
22	蘑菇	mógu	*n.*	mushroom
21	拿	ná	*v.*	take; hold
26	内科	nèikē	*n.*	internal medicine
27	呕吐	ǒutù	*v.*	vomit; throw up; be sick
36	牌子	páizi	*n.*	brand; trademark
23	便宜	piányi	*adj.*	cheap; inexpensive
28	片	piàn	*m.*	tablet; piece; slice
30	请假	qǐng jià	*v.*	ask for leave
34	区别	qūbié	*n.*	difference
24	裙子	qúnzi	*n.*	skirt
26	然后	ránhòu	*conj.*	then; after that; afterwards
25	软卧	ruǎnwò	*n.*	soft sleeper (on the train)
39	散	sàn	*v.*	break up; disperse
35	上网	shàng wǎng	*v.*	get on the Internet, surf the Internet
21	上衣	shàngyī	*n.*	upper outer garment; jacket
21	稍	shāo	*adv.*	a little; a bit
40	圣诞节	Shèngdàn Jié	*pn.*	Christmas
32	实际上	shíjìshang	*adv.*	in fact; in practice; in reality; actually
30	事假	shìjià	*n.*	leave of absence (to attend private affairs)
26	试（表）	shì (biǎo)	*v.*	take (one's temperature)
21	试试	shìshi	*v.*	have a try

28	收费处	shōufèichù	*np.*	cashier desk; charge collecting counter
27	舒服	shūfu	*adj.*	comfortable; well
29	水果	shuǐguǒ	*n.*	fruit
29	送	sòng	*v.*	deliver; give as a present; give
38	随便	suíbiàn	*adj.*	do as one pleases
24	太太	tàitai	*n.*	madam; lady; Mrs.; wife
24	态度	tàidù	*n.*	attitude
26	体温表	tǐwēnbiǎo	*n.*	thermometer
22	挑	tiāo	*v.*	choose; select; pick out
23	条	tiáo	*m.*	item; article; a long narrow piece
29	听说	tīngshuō	*v.*	be told; hear of
37	图书馆	túshūguǎn	*n.*	library
24	退	tuì	*v.*	return; give back; withdraw from
36	威士忌	wēishìjì	*n.*	whiskey
22	西红柿	xīhóngshì	*n.*	tomato
40	像	xiàng	*v.*	be like; seem
32	兴趣	xìngqù	*n.*	interest
27	痒	yǎng	*adj.*	itch; tickle
28	一起	yìqǐ	*adv.*	together; altogether
34	饮料	yǐnliào	*n.*	beverage; drink
25	硬卧	yìngwò	*n.*	hard sleeper (on the train)
25	硬座	yìngzuò	*n.*	hard seat
36	玉米花	yùmǐhuā	*n.*	popcorn

32	运动	yùndòng	*n.*	sport
37	展览	zhǎnlǎn	*v.*	exhibit; show
23	这样	zhèyàng	*pron.*	such; like this
26	诊室	zhěnshì	*n.*	consulting room
40	重要	zhòngyào	*adj.*	important; significant; major
27	注意	zhùyì	*v.*	pay attention to; take note (or notice) of
38	祝	zhù	*v.*	express good wishes; wish
38	祝贺	zhùhè	*v.*	congratulate
35	资料	zīliào	*n.*	information; data
31	总	zǒng	*adj.*	general
32	最	zuì	*adv.*	indicating the superlative degree
23	最少	zuì shǎo		least; at least; minimum